歴史のなかの貨幣

銅銭がつないだ東アジア

黒田明伸
Akinobu Kuroda

Eurus
Notus
Zephyrus
Boreas

岩波新書
2057

はじめに——貨幣を選ぶ人々

一万円札を受け取れば、当然のことながら一万円の価値のものを持ったことになる。しわくちゃになったからといって、それをもって支払う時に九〇〇〇円に減価されるなどということがあってはならない。五千円札や千円札であっても同様である。日本国内で取引をするかぎり、日本銀行券は額面通りに通用するよう定められていて、値を勝手につけるなどということはあってはならない。造幣局が発行する硬貨は別として、そもそも、他のほとんどの国と同様に、中央銀行である日本銀行は貨幣発行権を独占していて、たとえ日本銀行の財務状況がきわめて悪化していたとしても、われわれが日本銀行以外の機関が発行する有価証券を通貨として授受することはできない。国家が通貨の供給を独占し、通貨は国民に与えられるものとされているので、われわれには通貨を選択することはできないし、額面を無視して値付けするなどということもできないのである。

しかしながら、人類の歴史を振り返ってみると、税金を徴収する政府が通貨を発行することは古くからあるものの、その政府が通貨供給を独占するようになったのはかなり最近のことである。政府は額面を付して通貨を発行するものだが、人々がその額面通りに受け取るとはかぎらない。授受する者たちが、彼らを取り巻く条件に応じて、通貨の価値を決めるのである。通貨の質や量が彼らの間の取引を媒介するのに足りなければ、自分たちで何らかの通貨を創って足すことに躊躇はない。そうするとさまざまな通貨が併存することになるが、それによって取引に不便が生じるなら、現場の状況に応じて、通貨を選んで使用する慣行が現れる。近代になって国家が通貨供給を独占するようになるまでは、個々の通貨を品定めして選ぶなどという行為はごくありふれた日常のことなのであった。極言すれば、たとえ通貨をもっぱら発行しているのが政府であったとしても、納税の時はいざ知らず、日々の取引において、それらの併存する通貨たちを値踏みするのは、取引の現場で競う「エンドユーザー」たちなのであった。

ただし、通貨に値付けするといっても、その通貨の素材の価値を吟味しているわけではない。いや、たしかに金属成分や重量が重要な場合もあるのだが、エンドユーザーたちが吟味しないといけないのは、それらを支払いの代価として受け取ってもらえるかどうかである。「金は天下の回りもの」などといわれるが、エンドユーザーにとっては身のまわりでその通貨が回ってくれればそれでよい。数日ごとに開かれる最寄りの市場で使うことができるのか、あるいは庭先に来る馴染みの行商人が受け取ってくれるのかが問題なのである。近代以前に生きたほとんどの人々にとっては、せいぜい半日で往復できる範囲でのことにすぎない。社会の基層をなすそうした限定的な取引範囲のうちで、売り手と買い手が、そして売り手が受け取ったその通貨を支払う第二の売り手が、さらに第三、第四の売り手が、ともに通貨として認知してくれていれば、その通貨は回ることができる。そうした取引の回路を保たせているのは、みながともにその通貨を認知しているからである。素材価値ではなく、政府の保証でもなく、その姿かたちをみなが認知していることそのものが通貨を通貨たらしめている。極端な話、エンドユーザーたちの身のまわりで通貨が足りないのなら、外観が同じであれば、にせ金であってもかまわず流通してしまう。ただし、日々の野菜を買うのには受け取ってもらえる通貨が、農耕に必要な牛馬を購入するのには通用しない場合もあるから、気をつけないといけない。回る回路が異なるからである。

さて本書がとりあげるのは、およそ一二世紀後半から一七世紀前半にかけての日本列島を主とする東アジアとその周辺における銅銭の流通についてである。当時の東アジアの人々が取引に使用していたのは中国の銅銭なのであるが、その大多数は北宋(九六〇—一一二七)の年号を鋳込んだものであった。つまり当時の人々は、すでに彼らにとっても「古銭」であったものに頼って売買をおこなっていたことになる。ことに日本においては政府が当該時期に通貨の発行をしていない。それどころか、政府にしてからが、自らの徴税をその外国の古銭をもっておこなっていた。つまり、中世日本の人々は公私ともに、もっぱら異国の古銭によって取引や行政をおこなっていたのである。同時代の元や明の発行する通貨に依存していたなら、隣の強大な帝国の威信に従ってその通貨を使用していた、などと考えることもできるが、すでに滅んだ王朝の年号を持った銅銭が主なのだから、そのような理由づけは意味をなさない。

さらには一五世紀後半から、東アジア一帯でエンドユーザーたちがしきりと歴代の中国古銭を撰んで使用するようになる。一般に「撰銭《えりぜに》」と呼ばれる現象である。東シナ海と南シナ海を囲むようにして、銅銭を撰ぶ慣行が広がるのだが、古銭といってもいろいろあり、どのような銅銭を撰び、どのような銅銭を忌避するかは、地域によって異なった。現地で日用品を売買する銅銭と、遠隔地間での取引や納税に使用する銅銭とを差別化し、さらにそれらの間の交換比率を設けるのは、現地の交易者たちである。こうなると、彼らは、通貨を受け取るエンドユーザーであるよりも、むしろ通貨を組み合わせて現場から貨幣システムを創り上げていた者たちである、と考えた方がよい。一七世紀以降になると、日本、中国、朝鮮、ベトナムの各政府が自国銅銭を大量に鋳造するようになるが、それまでは、中国古銭の定型を借りた、現場から創り上げられた貨幣システムが環シナ海一帯に繁茂していた。中世東アジアに隆盛した渡来銭とは、模造を含んだ中国古銭がそうした各地の貨幣たちを緩やかながらも海を越えて結びつけていた現象なのである。それはまた、国家によらず、また素材価値からも離れて、売り買いの回路が自発的に貨幣を創り出していたことを物語ってくれている。

なお、商人たちの帳簿などに記帳されるのみで、形を持たずに貨幣が機能する場合もある(記帳貨幣)。有形でも、絹や米など特定の物品が額面を持たずに計量されて貨幣として働く場合もある(物品貨幣)。本書では、額面を認知された有形の貨幣が手渡されて流通することをことさらに記述したい場合に「通貨」と呼んでいる。ことに、地域間決済の手段として働いている物品や通貨とは別に、もっぱら地域内の交換を媒介している場合、それらを「現地通貨」と呼ぶ。多くの場合、記帳貨幣、物品貨幣、そして通貨は補い合って併存し、地域内の交換と地域間決済とを結びつけていたのだが、それらの組み合わせ方は時代と社会によって異なった。貨幣システムとはそうした組み合わせのことであるが、国家の枠を越えて流通する古銭という通貨に強く依存した中世東アジアのそれは、国家権力によることなく貨幣というものがいかにして自生するのかを如実に物語ってくれる。

目次

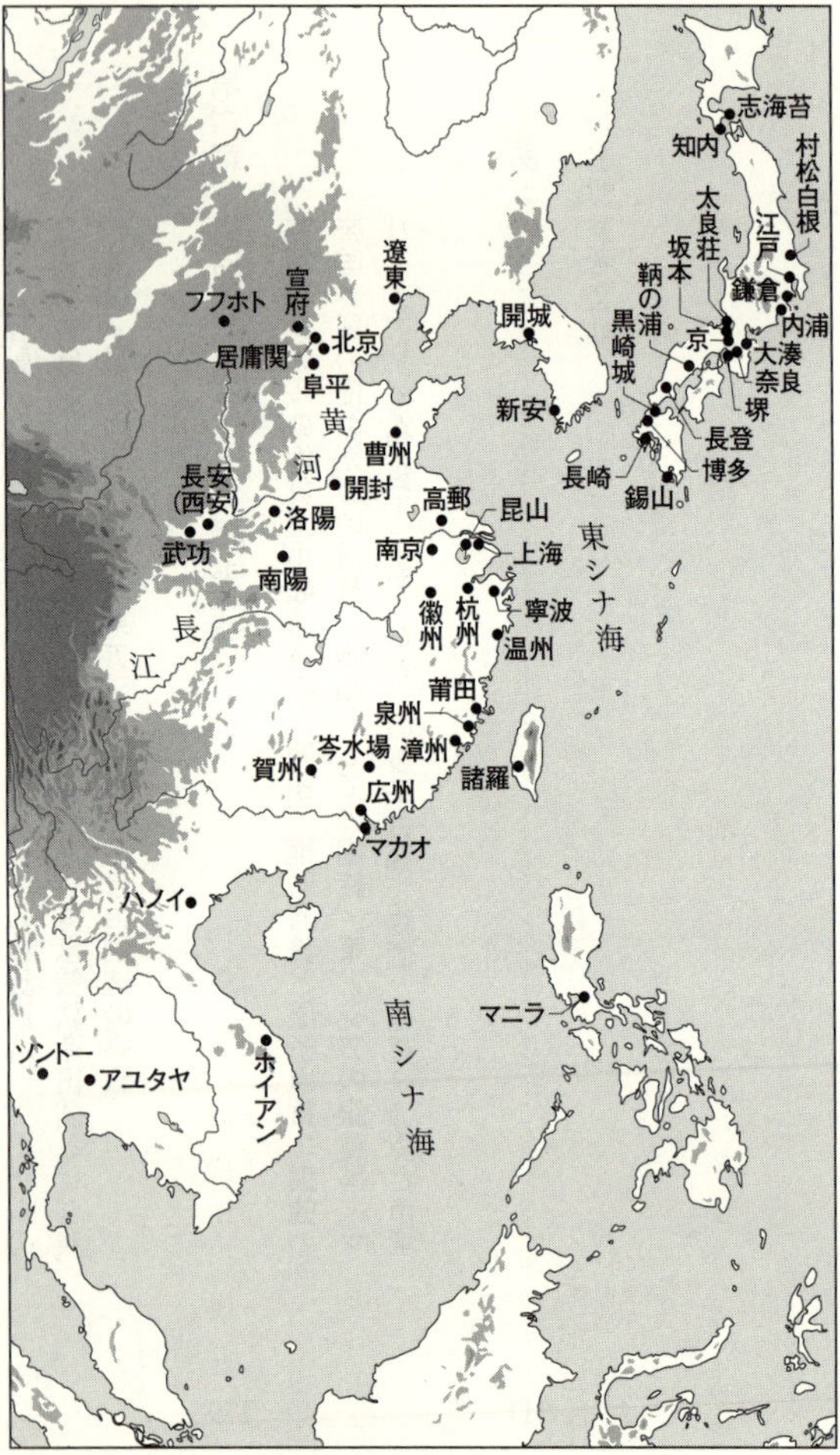

本書に登場する主な地名
(作図＝前田茂実)

第一章　渡来銭以前――一二世紀まで

銭の常識

中世東アジアの人々も現代のわれわれと同じように貨幣を媒介にして交換をおこない、貨幣を蓄積して富を蓄えていたことに変わりはない。しかしながら、どのように使い、どのように貯めていたかを具体的に見ていくと、われわれの常識とはかなり異なるありようが見えてくる。

北宋期の一〇九〇年頃に書かれた沈括《しんかつ》による随筆『夢渓筆談《むけいひつだん》』は、洛陽では屋敷を買い取るときに「掘銭《くっせん》」という名目で任意の加算をする慣行があったと記す。買い取った邸内から財宝を掘り出した時に、その邸宅を買い取った者が所有する権利を持つ、という加算である。地上の物件の価格である銅銭数千貫(「貫」は銅銭の単位で、一般には一貫＝一〇〇〇文)に地下の価格千貫強を足して邸宅を買った者が、はたして邸内で黄金を入れた箱を掘り出したところ、そのお宝の価値が加算分を含めた買取額の全額に相当したという事例を載せている(『夢渓筆談』巻二一)。中国に限らないのだが、富を地中に保蔵しておくというのは当時の人々にとっては常識であった。ただ常識であったとしても、どこに埋めたかを書き記したのでは隠す意味が薄れる。そのため往々にして地中に秘匿されたまま忘れ去られることにもなる。

中世日本もまたしかり。『太平記』には、一三三三年足利尊氏が京都の六波羅探題を滅ぼした時、逃げ落ちる光厳《こうごん》天皇を警護していた中吉弥八《なかぎりのやはち》が野武士に襲われて、六波羅の埋蔵銭六〇〇〇貫の在処を教える、と命乞いした話が伝わっている。さらには、一五七五年、織田信長の加賀一向一揆制圧に際し、捕まった長福寺の僧侶がこの『太平記』の逸話を思い出して、寺に埋めた二〇貫の銭の在処と引き換えに命乞いをした、とされる。どちらも、いざその在処に案内すると、すでに何者かによって掘られて空になっていたのだが(小野正敏「銭と家財の所有」)。二つの話の真偽はともかく、財貨を他人の知らない場所に埋めるというのは、当時の人々にとって何ら不思議なことではなかった。

このように、銀行制度が確立する以前の社会においては、地下などに通貨を埋蔵するというのは富を蓄えるための常態であった。現代の常識をあてはめて、何か非常事態が起こって地中に急いで財貨を隠した、などと考えるのは、過去の人々の生活の実態を無視した解釈である。たとえば、洪武通宝《こうぶつうほう》を最新銭とする埋蔵銭が発見された場合、明の洪武年間(一三六八―一三九八)かその直後に戦乱などの混乱を避けるため臨時に埋めた、などと考えるべきではなく、以前から地中に常時貯蓄されていたものが、その時期に所有者に何らかの事情が生じたために、関係者から忘れ去られて残置された、と考えるべきなのである。

地下に財貨を蓄蔵するのは、けっして遠く過ぎ去った過去の慣行ではない。二〇世紀前半の上海の漢方医陳存仁《ちんそんじん》は、叔父が死に際に「二〇あるぞ」と言ったことから、親戚たちが、二重底にした床下に隠された銀貨などを蓄えた二〇の甕を見つけ出すことができた、と回顧している。一九一五年のことである(陳存仁『銀元時代生活史』)。この場合も、もし陳存仁の叔父が言葉を遺しそこなっていたなら、少なくともいくつかの甕は銀貨を蓄えた状態でいまだに地中に残置されたままであったことだろう。後の時代になって農作業中の農民が、あるいは建設工事中の作業員が、時には発掘中の考古学者が偶然掘り出すこともあるが、そうした幸運に恵まれずに今もなお地中に埋もれている財貨がどれほどあるのか、想像しようもない。

上記の中国の二つの例は金銀の埋蔵であるが、基本的に中国では一九世紀末まで金銀を通貨として鋳造することがなかったから、『太平記』の逸話と同様、地中に埋蔵された通貨といえば銅銭である。清代の一六九八年、今は上海の一部となっている紫隄村《していむら》で三壺の古銭が発掘されたが、ほとんどが宋銭であったという。銅材として冶金業者が買い取ったとされるが、金銀と違い、銅銭は往々にして金属素材として溶かされた(『紫隄村志』巻二)。本書でこれから述べる事象を理解するためには、この銅銭の特性をよくおさえておく必要がある。

地中から発見された銅銭は、それらが残置された頃の貨幣使用の状況を伝えてくれる貴重な情報源である。表1は金代(一一一五―一二三四)の洛陽城南の洛河の船着場跡付近から二〇〇四年に出土した埋蔵銭の上位一〇種の銭銘である。出土地点は、くしくも、上述

表1　12世紀末洛陽の埋蔵銭

銭銘	枚数	王朝	初鋳年
元豊	11,038	北宋	1078
熙寧	7,340	北宋	1068
皇宋	7,306	北宋	1039
元祐	6,169	北宋	1086
開元	5,684	唐	621
天聖	3,807	北宋	1023
政和	2,571	北宋	1111
紹聖	2,528	北宋	1094
祥符	2,399	北宋	1098
聖宋	2,370	北宋	1101

出典：周立「洛陽南関発現金代銭幣窖蔵」『中国銭幣』2006-3, 2006年, 61-66頁.

の「掘銭」加算慣行があったとされる洛陽の郊外に位置し、当時は富商たちが集まり住んでいたと考えられている。埋蔵銭は一二世紀末頃に残置されたもののようだ。総重量三五四キロあまり、銭銘の判明した枚数は七万五六五八枚にのぼる。当時、洛陽は金の支配下にあったが、正隆銭《せいりゅうせん》(正隆元宝《せいりゅうげんぽう》)四五三枚などを含むものの金朝鋳造の銭は全体で五〇〇枚にも満たない。圧倒的に一一世紀から一二世紀初めの北宋時代の年号を持つものが多いことがわかる。この埋蔵銭が残置された時点でも、鋳造から一〇〇年以上をすでに経た銭が大部分を占めているのだが、後述するように、より後の時代に残置された多くの埋蔵銭の銭種構成は、この一二世紀末の出土銭のそれとほとんど変わらない。後に表9で示すやはり一二世紀末に残置されたと思わ

れるベトナムでの埋蔵銭と、上位一〇銭種の顔ぶれは全く同じである。その他、一六世紀頃までの日本や中国周辺での埋蔵銭の構成も、全体としてはこの洛陽のそれと非常に似通っている。つまり、東アジアの埋蔵銭には、熙寧《きねい》(一〇六八—一〇七七)や元豊《げんぽう》(一〇七八—一〇八五)といった北宋中期の年号を持つもの(熙寧元宝、元豊通宝)が多いのだが、そのことは同時期の銅銭鋳造が盛んであったことをうかがわせる。

もちろん、発掘される鋳造貨幣の頻度が当時の実際の鋳造数の推移を反映しているという保証は必ずしもない。ただ、スウェーデンのある貴族の邸宅から発掘された一六二四年から一七四一年までの銀貨一万八二一七枚の事例は、その発行年別頻度がスウェーデン王立造幣局に残る銀貨発行数の年次推移とほぼ一致した動きを示していて、出土貨幣の頻度が造幣数の推移の指標になるという推測を支持してくれている(B. Thordeman, 'The Lohe Hoard')。他の地域を考える場合でも参考にしてよかろう。ただし、第三章以降で述べるように、東アジアの銅銭の場合は後の時代にも古銭の模造(私鋳)が盛んにおこなわれていたので、その点について十分に留意しておく必要がある。一二世紀末の洛陽埋蔵銭は、そうした後世の模造銭をほとんど含んでいないか、あってもきわめて少ないと考えてよい。そこで、本書において、一二世紀より後の時代の個々の埋蔵銭が後世の模造銭を含んでいるかどうかを考察する時、真正の古銭の銭種比率を示す基準として表1を使用することにする。

還流しない通貨

現代の常識を持ち込んで過去の人々の行動を推察することには慎重であるべきだが、現代の統計が過去の事例を理解するのに役立つ場合もある。イギリス政府がローマ帝国期以来の二四〇ペンス＝一ポンドの貨幣単位制度を廃止して一〇〇ペンス＝一ポンドに移行するのに先立って、既存の硬貨流通額を推定するため、一九六八年に王立造幣局はバークレイズ銀行などの協力を得て、預金や支払いのために銀行の窓口に持ち込まれる硬貨の鋳造年を調査した。古い鋳造年のものほど少ないのは予想したとおりであったが、年次発行額と比較すると、年ごとに一〇〇〇枚のうち二枚が銀行に戻らなかったことが判明した。物理的に破損したなどして廃棄されたものを除いてである。ほとんどの世帯が銀行に口座を開設していて、造幣局が製造したかなりの部分の硬貨は銀行を経由していたはずである。この調査結果は、毎年二％の硬貨は銀行に戻る流れに乗ることなく家計などにとどまったことを意味する。しかも、額面の小さい硬貨ほど低い還流率を示していたことは、本書で検討する史実と深く関わる(R. G. De Granville, 'The Numbers of Coins in Circulation in the United Kingdom')。資産として硬貨をとどめておこうとしてのことなら、ことさらに最小額面のものを選ぶはずがない。つまり意図した結果ではなく、造幣局が鋳造した硬貨は知らず知らずのうちにエンドユーザーたちの机の引き出しの隅やどこかにとどまり、通貨の流通経路からはぐれてしまったということになる。

一〇〇枚の硬貨のうち毎年二枚が流通からはずれてしまうということは、もし追加の供給がなされなければ三十数年のうちに、市中で流通する硬貨は半減するということである。現代社会においてはそもそも現金を通じてなされる取引が少なくなっているので、二％の目減りはさしたる問題とならないであろう。しかし、銀行制度が普及する前の社会においては話が違う。現代において銀行は現金をエンドユーザーから汲みあげるポンプの役割をはたしてきた。預金というシステムが働いておらず、既述のように地中に通貨を埋蔵するのが一般的な社会であれば、流通の経路に戻らない比率は二％どころではすまないはずである。もし五％の滞留比率なら流通する通貨は一四年で半減し、一〇％の比率ならわずか七年で半減してしまう。

原子通貨

先に述べた現代イギリスの調査は、額面が小さいほど硬貨が流通の回路にとどまりにくいことを示した。本書が対象とする銅銭は額面が一文であり、東アジアでは最小額面の硬貨である。中国王朝をはじめとして東アジアの政府は、時おり、より高額面の銅貨を流通させようと試みたが、ほとんど成功しなかった。財政赤字に苦しむ政府が、額面が素材価値より大きい通貨を発行して鋳造差益を得ようとしたものだが、のきなみ失敗に終わっている。エンドユーザーたちが政府の決めた額面に従わなかったからである。出土する貨幣も大多数は一文銭である。銅銭一枚の購買力は時代とともに変わるから、最初から銅銭が零細な価値しか持たなかったと考えるべきではないものの、最小額面の通貨がもっぱら持続的に流通していく状態は、エンドユーザーたちの家計のうちに通貨がとどまりやすい傾向を生じさせていたに違いない。

最小額面の通貨が幅を利かせるのは東アジアにかぎった現象ではない。インド洋沿岸や西アフリカでは一九世紀まで、モルディブ産の貝貨《ばいか》が農村市場での主要な通貨であった。その額面は銅銭よりもはるかに零細である。東南アジアにおいては銅貨よりもさらに価値が小さい鉛や亜鉛製の通貨が流通した。「パパイヤ一切れ、お茶一杯の売買のために亜鉛貨一枚を創り出す」と、二〇世紀初めベトナムで地方の取引を観察したフランス人は述べている。同じころ人類学者マリノフスキーはメキシコ高原地帯の市場で、通貨不足に困っている現地の人々が、最小額面銅貨を二つに割って取引していたことを叙述している。現地の農民たちが売れそうなものを持って集う農村市場では、卵一個の価格を交渉するに足る零細額面の通貨が重宝される。小生産者たちの小商いを円滑に進める手段として、それ以上分割できない最小単位の通貨が役に立つというのは、農民など庶民たちが自由に売買できる市場がある社会ならほぼ世界的に見られる現象である。そうした通貨を「原子通貨 atomic currency」と呼んでおこう(A. Kuroda, 'Another History of Money Viewed from Africa and Asia')。

重要なことは、通貨の額面の零細さは、その社会における民衆の生活のありかたを反映していた、ということである。零細でも通貨を使えるということは、社会の基層に生きる人々が自分の判断で売買をする自由があったということなのだけれども、多くの人々はその日その日の少ない日当や売り上げに頼って暮らしていた。毎日一円硬貨数枚を稼いで夕餉を購ってきた人々にとって、一円硬貨が使えなくなったから、一〇円硬貨分のまとめ買いをしろ、と商人に言われてもどうしようもない。今日は食べるのをあきらめろ、と言われたのと同様である。本書において、原子通貨として出回る私鋳銅銭を当局が禁止しようとすると、現地の民衆の強い反発を招いた事例が紹介されるが、その背景には、多くの人々がその日暮らしの生活を送っていたことがあった。

溶かされる銅銭

東アジアの銅銭も原子通貨の一つの事例なのであるが、他の社会にはない大きな特色がある。インド洋沿岸の貝貨は商人によって海を越えて持ち込まれたものであり、東南アジアの鉛貨も、時には当局も鋳造したものの、多くは現場の交易者たちが創り上げたものといってよい。どちらも、現地を統治する政府が積極的に発行したものではない。たとえ貝貨を納税手段として認める当局があったとしても、彼らはすでに流通しているものを利用したのであって積極的に自ら貝貨を供給したわけではない。銅銭も実際のところは民間の私鋳による模造銭がかなりの部分を占めることになるのだが、原則としては中国王朝が鋳造し流通させるべきものであったというところが、貝貨や鉛貨とは大いに異なった。それもかなりの費用をかけて。

唐代(六一八―九〇七)の七九三年、銅銭一〇〇〇枚を溶かして六斤(約三六〇〇グラム)の銅を得て、それを売ると三六〇〇文の売り上げになるので、銅鏡を作るなどの場合を除いて、朝廷は民間における銅の使用を禁止すべきである、との上奏がなされている(『旧唐書』食貨志)。銅銭一〇〇〇枚は一〇〇〇文の価値でなければならないはずであるから、銅銭を溶解して銅として売ると三倍以上の利益を得るなど、起こりえないことのように聞こえてしまうが、そうではない。ひきかえに三六〇〇文相当の何かを取得できるということである。現代の日本で、仮にアルミの価格が高騰して一円硬貨一万枚の原料価格が一万二〇〇〇円になったとしても、溶解したアルミを売った業者は一万二〇〇〇円の紙幣などを受領するのであって、けっして一万二〇〇〇枚の一円硬貨を受け取るわけではないのと同じことである。

唐代を通じて発行されていたのは開元通宝《かいげんつうほう》であるが、その重量、品位、そして形態はその後の中華王朝の鋳造する銅銭のモデルとなって一九世紀まで継承される。この開元銭以前に歴代政府の鋳銭のモデルとなったのは、前漢の武帝(在位前一四一―前八七)が確立した五銖銭《ごしゅせん》である。しかしその継承のされ方は後の開元銭の場合と大きく異なった。五銖は本来三・二五グラムほどの重量を示すのだが、「五銖」という文字を鋳込む形態を継承しつつも、漢代以降、魏晋南北朝期の歴代政府が鋳造する銅銭は軽量化の一途をたどった。銅銭を使用した行財政システムを維持したくても、銅産に乏しくて通貨の需要にこたえられず、銅銭の流通量を維持しようとするなら軽量化するか貶質させるしかなかったのである。銅不足のため西晋(二六五―三一六)になってからいったん途絶えた政府鋳銭を、南朝宋(四二〇―四七九)は五銖より軽い四銖銭の発行をもって再開するが、市中に流通していた銭貨はさらに軽い二銖の重さのものであり、長続きしなかった。それでも政府発行の銭貨を維持しようとしたその果てが、五二三年の梁の武帝による鉄銭発行であった。人々は荷車に大量の鉄銭を載せて商売をしなければならなくなった、と『隋書《ずいしょ》』食貨志《しょっかし》は記す。

そうした南朝と好対照をなしたのが北朝の貨幣政策である。中央アジア起源の遊牧民族を支配層とする北朝は銅銭によらず、携帯に便利な布(絹と麻)を基準とする行財政システムを構築した。それでも、北魏(三八六―五三五)の都を洛陽に移した孝文帝の漢化政策の一環として四九五年に太和五銖《たいわごしゅ》を発行するのだが、様態が精美で重量が四グラム近くの立派なものであった。南朝で流通していた銅銭の倍以上の重さである。北朝は銅銭の普及を試みたがさほど流通せず、売買も行財政も物品貨幣として機能する布を中心とするままであった。そもそも、原料が限られている状況下において重く精美な銅銭を発行するというのは、少ない量しか鋳造しなかったことの裏返しである。当の孝文帝にしてからが、旅の途中の急病を治してくれた医師徐謇《じょけん》に一万貫の銅銭を褒美に与えようとしたものの、政府の蔵のどこを探してもそんな量の銭は見つからず、結局二〇〇〇疋の絹、二〇〇〇石の穀物、一〇頭の馬、一〇頭の牛、その他もろもろを合わせて銭の代わりに与えたのであった(『魏書』巻九一)。

唐はその北朝の系譜を引き継いで開元通宝の鋳造を開始した。一文の額面に対してもともと製造費用がそれを上回っていたはずであるが、徭役《ようえき》と布の納付を主とする唐前半の体制においては、ことさらに問題とはされなかったのである。しかし安史《あんし》の乱(七五五―七六三)の後、銅銭を徴収基準とする両税法《りょうぜいほう》を七八〇年に導入したところ、既述のようにその銅銭の原価が高すぎるので溶かされて銅器とされるという問題が明らかになった。問題となったのは銅価格の高さだけではない。鉄銭ほどではないもののその輸送費用も重い負担となった。その七八〇年、当時の銅銭鋳造の中心であった江淮《こうわい》(現江蘇省)の鋳造局から銅銭需要の高い首都の長安に銅銭一〇〇〇文を運ぶと、職人労賃と輸送費を合わせて二〇〇〇文かかったので、長安に近いためそれらの経費を九〇〇文に削減できる陝西《せんせい》の商州《しょうしゅう》での鋳造に切り替えている(『旧唐書』食貨志)。

銅銭は一〇〇〇枚を束ねたものが一貫として使用されていたが、この高い輸送費用は、銅銭の供給不足や最小額面の原子通貨を数える煩雑さとあいまって、商人たちの間に一定数を省いて一貫を束ねる「短陌《たんぱく》」と呼ばれる慣行を生じさせた。八〇九年に、長安城内で広まっていた二〇枚を省いて九八〇枚で一貫とする慣行を禁止する法令が出されるが効果はなく、唐代を通じて徐々に省く枚数がふえていき、やがて唐政府もこれを採用するようになる(『旧唐書』食貨志)。その後、地域ごと業種ごとに異なる短陌慣行が広がっていくが、宋政府は七七〇枚をもって一貫に束ねる「省陌《しょうはく》」と呼ばれるレートを公式のものとするようになる。

唐政府は両税法の導入により銅銭をもって納税させるよう努めたものの、肝心の銅銭の供給は不十分なままであったので、唐代後期を通じて、課税単位は銅銭のままで実際は穀物や布を納める「折納《せつのう》」という慣行が主流となった。塩の専売によって銅銭歳入の増加をはかる方策も出されたが、これに対して政治家でもあり文人としても知られる韓愈《かんゆ》は、農民たちは銅銭を手にする機会がめったにないのに銭での塩購入を強制すると、銭を得るために不利な交換を商人に強いられる、と反対している(『資治通鑑』巻二四二)。同じころ陝西では、銅銭の代わりをする布すらも足らず、人々は麻糸や魚をもって塩を買っていた、とされる(『唐会要』巻五九)。取引や徴税の単位としての「文」は普及しても、その実体たる銅銭がどこにでもあってエンドユーザーが手にできるという状況からはほど遠かった。

銅銭不足に悩む唐は八一七年、各家が五〇〇〇貫以上の銭を蓄えるのを禁止し、さらに八三〇年には一万貫以上の蓄銭を禁止する法令を出すが、いずれも効果がなかった。銅銭の実在する量が少ないのではなく、流通する量が少ないことが問題である、との認識は実態を反映しているのだが、先に述べたように通貨というものは自然と滞留する傾向があるし、まして最小額面の原子通貨ともなるとその傾向がより強いのであるから、大口の蓄銭の禁止で対処できることではなかった。

その蓄銭禁止に先立って唐は、八一一年に茶商たちの為替(便換)使用を禁止している。為替の現金化要求にこたえるため茶商たちが不必要に銅銭を蓄えているに違いない、との論理によるものである。銭建ての為替は、地域間決済における銅銭の使用を節約するはずであるから、一見矛盾する政策のようにも思える。しかし当時、遠距離移動に携帯する支払い手段は絹であった。唐に渡った天台僧の円仁《えんにん》は、八四七年に船賃として絹五疋を支払ったことを記している(『入唐求法巡礼行記』巻四)。王朝にとっても同様である。軍隊を派遣するのにも、重い銅銭を携帯させるのではなく、絹を携行させて現地で銅銭に換えさせたのである。当時その絹の銭建て価格が続落していた。八二二年、韓愈は上奏文の中で、七八〇年の両税法導入前には絹一疋は三〇〇〇文であったのが八〇〇文に下落してしまったことを嘆いている(日野開三郎『唐代両税法の研究』)。これでは中央から派遣した兵士や役人が現地でろくに物を調達できない。地域間決済手段として機能するはずの物品貨幣たる絹の価値が、現地通貨として機能する銅銭に対してはげしく目減りしていること。これこそが唐の帝国統治の根幹を危うくしていたのである。

良貨は駆逐されず

古代中国の銅は酸化銅鉱石を製錬したものであった。酸化銅は硫化銅よりも埋蔵量が少ないが製錬が容易なため、酸化銅鉱は早くから開発された(夏湘蓉等編『中国古代礦業開発史』)。しかしやがて既存の鉱脈は枯渇してしまい、新しい鉱山の発見もさほど進まず、銅銭の鋳造はすでにある古銭や銅器といった銅ストックを鋳直すことによってのみ継続される。先に述べたように隋以前の南朝の政府は銅銭の軽量化によって貨幣需要に対応しようとしたが、九〇七年の唐王朝崩壊後の南中国を支配した王国は、鉛、錫、鉄といった銅ではない卑金属をもって銭貨を鋳造しエンドユーザーに供給する方策を採用した。銅銭はもっぱら都市の間の地域間決済手段とされ、卑金属の現地通貨と補完的に機能した。単純化しすぎるとのそしりをおそれずにいえば、牛犂耕による大規模経営農業が発展した北中国と違い、家族経営の小規模農家が多かった南中国は秦漢以来の小額通貨を頒布して小農たちに納税させるシステムがなじんだのだといえよう(渡辺信一郎『中国古代社会論』)。そのためには何よりもエンドユーザーに届く十分な量の原子通貨を、卑金属であれ、ばらまかねばならなかった。

そうした南方での流れとは対照的に、北中国を支配した五代の王朝とそれを襲った宋(北宋)は、開元通宝の規格を守って精美な銅銭を発行する方針を放棄しなかった。九七五年、すでに重要な穀倉地帯となっていた江南を支配する南唐を降した宋は、南唐が流通させた鉄銭などの卑金属銭貨を廃貨し、極力規格通りの銅銭で代替する方針をとる。当初は年産七万貫しか銅銭を供給できず現地の貨幣需要に全くこたえられなかったが、江西で銅、錫、鉛の鉱山を開発したことにより年産三〇万貫の銅銭鋳造を達成し、九八三年にはどうにか江南において鉄銭を廃貨して銅銭を流通させることに成功する。しかし、帝国の版図すべてにおいてこの方針をつらぬくことはとうていできなかった。江南と最も対照的であったのが、同じく鉄銭流通が広まった四川であった。当初、宋は四川において鉄銭一〇枚＝銅銭一枚とする比率を定め、税は銅銭をもって納めさせる方針であったが、もともと銅銭がない条件にあった人々をパニックに陥れ銅素材をもとめて墓荒らしをするほどになったので、これを撤廃し鉄銭使用を容認する。

その後、西北の西夏(一〇三八―一二二七)と軍事的に対峙する宋は境界地帯の陝西、山西において鉄銭を発行し、銅銭の流出を防ごうとする。鉄銭の流通は北中国に拡大したことになる。興味深いことに、これまでの河南での出土貨幣の報告によると、銅銭の埋蔵と鉄銭の埋蔵が混合されていた事例はほとんどない(朱宏秋「河南宋金時期銭幣窖蔵的初歩研究」)。つまり、エンドユーザーたちも銅銭と鉄銭を分けて蓄蔵していたわけで、取引においても分けて支払われたであろうことを示唆している。

結局のところ一〇世紀を通じて、唐王朝が直面していた構造的な問題、すなわち地域間決済手段としての絹が現地通貨としての銅銭に対して低く評価されるという状況は改善されなかった。銅不足に苦しむ中、民衆の銅器保有を禁止する政策がつづき、九五一年に後周の太祖は違反者を死罪とする法令を出していたが、宋代になってもそれは撤廃されないままで存続する。銅不足であっても開元通宝の規格を守りつづけて銅銭を鋳造したのであるが、問題は銅の確保だけではなかった。銅銭は古代以来、銅・鉛・錫の合金である青銅製であったのだが、精美な銭銘を鋳だすには錫が相当含まれていなければならなかった(この点は後で詳述)。五銖銭の銭面「五銖」と違い、「開元通寶」を鋳造するには格段に画数の多い文字を鋳込まないといけないが、錫が適当な分量含まれていないと字が鮮明にならないのである。ことに「寶」の字は錫不足だと字形がつぶれやすい。後に東アジア一帯でエンドユーザーたちが銅銭を選び出す時、この外形が、そして青銅ならではの色が、大いに問題となってくる。

一一世紀、硫化銅製錬の革新性

唐代からつづく銅銭不足は、宋の統治が確立した一一世紀初頭になっても解消されていなかった。一〇二一年以降に残置されたと思われる河北の定《てい》県の埋蔵銭は、一四四一枚のうち四〇〇枚が唐代に鋳造された開元銭である(彭信威『中国貨幣史』)。宋成立からすでに半世紀以上経過していても宋銭が行きわたるという状態にはなっていなかったといえる。その直前の一〇一六年に宋政府が購買した絹の価格は、上物で一疋八〇〇文、通常の絹では六〇〇文であった

（『続資治通鑑長編』巻八六）。先に述べた、唐代に韓愈が絹の低価格を嘆いたころとほとんど差がない。一〇三四年から一〇四三年にかけて、対西夏戦争のために宋政府は一二一〇万疋の絹を支出している。一〇一四年から一〇二三年の間には二八万疋の支出にとどまっていたのだから、いかに前線への補給を絹の支払いでまかなっていたかがわかる（梅原郁「北宋時代の布帛と財政問題」）。その絹が低価格であるために前線の兵士が必要な額の銭を受け取れないのなら深刻な問題である。

しかし一一世紀を通して事態は大きく様変わりする。酸化銅よりもはるかに埋蔵量が大きい硫化銅を製錬できるようになり、銅産が急増したのである（夏湘蓉等編『中国古代礦業開発史』）。すでに九九六年に開発がはじまった江西の鉛山《えんざん》県銅宝山《どうほうざん》では硫化銅鉱を採掘していたようで、一〇〇〇年頃に銅産がいったん伸び、宋は銅器の保有禁止をいったん緩めるほどであったが、このブームは長くはつづかなかった。しかし一〇四八年に採掘がはじまった広東の韶州《しょうしゅう》の岑水《しんすい》場《じょう》などの開発が空前の量の銅を宋政府にもたらしはじめる。岑水場単独で年産四〇〇万斤（約二三〇〇トン）の銅産があったといい、一〇七二年に王安石《おうあんせき》は同地に一〇万人の鉱夫が移住して採掘に従事している、と上奏の中で述べている（『続資治通鑑長編』巻二四〇）。一〇七八年にはその岑水場も含めた広東から一〇〇〇万斤の銅が宋政府にもたらされている（日野開三郎「北宋時代に於ける銅・鉄の産出額に就いて」）。そうした大増産をふまえ、王安石が主導して新法《しんぽう》改革を進める宋政府は一〇七四年、唐代以来つづいてきた人々の銅器保有を禁じる銅禁政策を廃棄する。銅の自由化は、新法を支持した神宗《しんそう》皇帝が死去し王安石が辞職する一〇八五年までつづくことになる（宮澤知之『中国銅銭の世界』）。

銅生産の急拡大は着実に宋による銅銭鋳造を急増させる。皇祐《こうゆう》年間（一〇四九―一〇五四）に毎年の銅の納税が五一〇万斤であった時の年間鋳造が一四六万貫であったが、治平《ちへい》年間（一〇六四―一〇六七）には銅六九七万斤と銭一七〇万貫、熙寧《きねい》年間（一〇六八―一〇七七）に銅一〇七一万斤と銭三七三万貫と伸び、元豊元年（一〇七八）に銅一四六〇万斤、元豊三年（一〇八〇）に銅銭鋳造五〇六万貫とピークを迎える（日野開三郎「北宋時代に於ける銅鉄銭の鋳造額に就いて」）。上述のように宋代の公式レートは一貫＝七七〇文の省陌であったから、これに従い一貫が七七〇枚の銅銭からなっていたとして、五〇六万貫とは三九億枚近くの銅銭を鋳造したということである。北宋を通じて政府は二億六二〇四万貫の銅銭を発行したとされるが、同じレートに基づくとそれは二〇一八億枚（以後、約二〇〇〇億枚とする）の銅銭を鋳造したということであって、文字通り天文学的な数値であった（高聡明『宋代貨幣与貨幣流通研究』）。

すでに表1に示したように、一二世紀末とされる洛陽出土の埋蔵銭は元豊銭が第一位、熙寧銭が第二位を占める。王安石新法下のこの二つの時期の銅銭が多いというのは、中世日本の遺構から出土する銭の構成比と一致する。韓国の新安《しんあん》沖の沈没船から引き揚げられた銅銭も、ハノイ近郊で出土したとされる銅銭もやはり同様の構成比を示す。硫化銅製錬の革新が生み出した大量の精美な銅銭が、やがて東アジア一帯に拡散したのである。

　王安石らの新法の特徴は、行財政のさまざまな局面を銭建てにしたことである。農民たちの労役を銅銭で代納させる免役銭に改める募《ぼ》役法《えきほう》はその典型であった。唐代の韓愈と同じ論法で旧法党の張方平《ちょうほうへい》らは、銅銭のない農村での免役銭は農民を苦しめる、と批判したが、王安石の政策は韓愈のころとはけた違いの銅銭供給を背景に実行にうつされた。はるかに大量の銅銭が動くようになっていたことは間違いなく、一〇六八年から一〇七六年にかけて遼《りょう》や西夏と接する陝西、山西、河東の三地方で銅銭の蓄積を九〇〇〇万貫増加させる（宮澤知之『宋代中国の国家と経済』）。前線の兵士に必要な銅銭を支給できないという歴代の懸案はある程度改善されたことになる。

　ちょうど王安石の新法真っ最中の中国を訪れた日本の僧侶がいる。天台宗の成尋《じょうじん》（一〇一一―一〇八一）である。一〇七二年から一〇七三年にかけて中国各地を旅行し、その時期の日記を残している。第二章で述べるように、当時の日本列島内では銅銭というものは流通していない。杭州《こうしゅう》に到着した成尋たち一行は、まず旅館の主人に日本から持ち込んだ砂金と水銀を託して一三貫の銅銭を手に入れ、杭州近くの市場で五斗の米を四〇〇文で購入するなど日用に資するようにする。やがて目的地の五台山《ごだいさん》や首都開封《かいほう》に赴くための旅費として二〇〇貫を宋政府から支給されることになるのだが、その二〇〇貫を軍の倉庫に行って受け取るのに一隻の小船と一〇人の人夫を雇う。この場合の一貫は四〇枚を省かれて九六〇枚であったと記されているが、それでも一貫の重さは四キロ近くになるから、二〇〇貫といえば八〇〇キロの荷物になる。一人当たり八〇キロの銅銭を運ぶ人夫には日当として一〇〇文が支払われた。やはり銅銭の輸送費用はばかにならない（『参天台五台山記』）。

宋政府による銅銭鋳造がピークを迎える直前の一〇五二年に、王安石の思想に影響を与えたとされる李覯《りこう》が江南での米価について、一斗五、六十文や一斗八、九十文のところもあれば一斗百二、三十文や二百二、三十文のところもあり、隣の地域が凶作で米価が暴騰しても余っている米が移出されて平準化するようにはなっていない、と嘆いている（宮澤知之『宋代中国の国家と経済』）。一二世紀後半の銅銭鋳造増加がこの地域格差を埋めるようになったとはいえないであろう。

肝心の硫化銅の鉱脈も一二世紀に入るころにはすでに細りはじめ、一一〇六年には銅の宋政府への納税は六六〇万斤に減っていた（日野開三郎「北宋時代に於ける銅・鉄の産出額に就いて」）。南宋の時代（一一二七—一二七九）になると銅生産はさらに激しく減少し、紹興《しょうこう》年間（一一三一—一一六二）末には王朝が確保できた銅は五〇万斤を下回る（『建炎以来朝野雑記』巻一六）。銅は稀少となり、以前のように銅銭の額面がその製造費用をはっきり下回る状態になった。一一三三年には銅銭一〇〇〇文の鋳造に二四〇〇文の費用がかかるようになり、新規に鋳銭するより既存の銅銭の流通をうながしたい南宋政府は、一一五九年に銅銭の保有を官僚は二万貫、その他の人民は一万貫に制限する。唐王朝が両税法導入の後にとった政策を彷彿とさせる。銅生産が減少して鋳造費用が増し、精美な良貨の規格を守っていては額面以上の費用が生じてしまう状況はまさしく唐代と同じであった。

二〇〇〇億枚の古銭

しかし、すべてが逆戻りしたわけではない。三〇〇年前と決定的に違うのは、北宋時代に鋳造した膨大な良質の一文銅銭がエンドユーザーたちのまわりにすでに散布されていたことであった。もし、原料高騰によって一文銅銭の製造に四文かかるのなら、その銅銭の額面を四文にすればよさそうにも思える。しかしそうはいかない。原料が安かったころに大量に鋳造された一文銅銭が人々の間にすでに出回っている。同じ質や重さの銅銭を四文として鋳造し受領を強制してもうまくいくはずがない。かといってすでに一文として散布された古銭を四文に読み替えることを認めると、政府が徴税する際に大きな不利益をこうむることになる。すでに経年変化によって表面にさび(緑青《ろくしょう》)を帯び、古銭となったおよそ二〇〇〇億枚の北宋銭の存在は、南宋政府の財政運営の選択の幅を大いに狭めることとなった。南宋政府がとった選択は、銅銭に頼るのをやめて安価な別の通貨を供給することであった。

北宋時代にすでに国家の発行する紙幣である交子《こうし》などが流通していたが、南宋は北宋よりもさらに紙幣の発行に頼る度合いを高めた。首都臨安《りんあん》（杭州）と東南地域で流通する会子《かいし》、揚子江下流域の金と近接する地域のみで流通した淮交《わいこう》、揚子江中流域で流通した湖北会子《こほくかいし》、そして揚子江上流域などの銭引《せんいん》、と区域ごとに別の紙幣を発行したのは、結果として、旧札の市場価値が低くなるたびに回収して新札に換えることで受領性を維持する手法に適した。しかし、たとえば広西の欽州《きんしゅう》では一一二九年に銭引を発行した当初は旧札を銀や絹などで買い取り、銭引の額面割れを避けようとしたが、紙幣の発行額が増えるにつれてつづかなくなり、やがて鉄銭を兌換することが主流となる。一一八〇年の四川では一四万貫あまりの鉄銭の準備で紙幣の流通を支えるようになっていた（汪聖鐸『両宋貨幣史』）。銅銭ほどではないにしても鉄銭においてすら額面を鋳造費用が上回ることもあったのだが、南宋にとっては政府紙幣をエンドユーザーに受領させる手段として鋳造された側面が強い。基本的に鉄銭の一文も銅銭の一文と等価として政府は評価させようとしたが、高規格の銅銭を保持する者たちがそれをやすやすと受け入れたわけではない。南宋政府によるそうした銅銭の過低評価は、巨大な銅銭ストックをして海を越えさせ、やがて東アジア一帯に大きな変化をもたらすことになる。

第二章　素材としての銅銭——一二世紀後半以降

布・米遣いの平安日本

銅銭のような原子通貨は、普及すると社会の末端の日常取引を活性化させ、農民のような小額の取引に勤しむ人々の間の交換をうながすものなのだが、第一章で明らかにしたように、政府が独占して提供しようなどとすると、その浸透には長い時間と、とてつもない費用がかかるものなのであった。

中華帝国の枠組みは唐代に中国周辺の各国政府によって模倣され、律令や都城の制度などが取り入れられたが、銅銭の鋳造と普及が試みられるのはかなり遅れた。朝鮮で開元通宝を模した高麗開元《こうらいかいげん》が鋳造されたのは九九八年であり、自国独自の銭銘を鋳込んだ東国通宝《とうごくつうほう》などが鋳造されたのは一一〇二年と相当遅れる。だが実際には銅銭はほとんど流通していなかった。一一二三年に北宋の使節として高麗の首都開城《ケソン》に数か月滞在した徐兢《じょきょう》は、銭は流通せず、布・銀瓶で値を計り、日常の売買は米でおこなわれている、と記述している(須川英徳「朝鮮前期の貨幣発行とその論理」)。ベトナムで鋳造された最古の銅銭は九八四年の天福銭《てんぷく》(天福鎮宝《てんぷくちんぽう》)とされるが(『大越史記全書』巻二)、第三章で述べるように、その後に鋳造したとされるベトナム銭も含めて同時代に実際に盛んに流通したとは考えられない。いずれにしろ、どちらの場合もすでに唐が滅んだ後のことである。それと比べると、和同開珎《わどうかいちん》(七〇八年)にはじまる日本の政府による銅銭鋳造はかなり早かった事例とみなすことができる。

そもそも中華帝国の模倣をしようにも、銅がなければ自前で銅銭を鋳造することはかなわない。しかし、八世紀前後の日本列島には長登《ながのぼり》銅山(現山口県美祢市)のようなアクセスしやすい酸化銅鉱がそれなりに分布していた。鉱脈鉱床の地表部分が酸化脱硫された酸化銅鉱は、古代の人々にとって製錬が容易であった。水の浸透によって地下数百メートルに及ぶ酸化富鉱帯もあり、古代の銅生産はそれに沿って掘り進むことで継続された。だからこそ東大寺の大仏(七五二年)のような巨大な金銅仏を鋳造することができたのであり、和同開珎につづいて皇朝十二《こうちょうじゅうに》銭《せん》を発行することもできたわけである。その東大寺大仏の鋳造のための銅を提供したとされる長登銅山などを有する長門《ながと》採銅使《さいどうし》が銅生産の拠点とされてきたが、しかし採掘できる酸化銅鉱脈は細っていき、八六九年に長門採銅使は廃止される。やがて日本からはほとんど銅産が消えてしまう(池田善文『長登銅山跡』)。

平安時代にかけて仏像といえばきまって木造のもので、日本列島内で金銅仏がふたたび鋳造されるようになるのは一二世紀の末まで待たねばならない。同じように、一二世紀半ばまで梵鐘の鋳造も全くといっていいほどなくなってしまう。第一章で述べたように一一世紀に硫化銅製錬導入で銅産が盛んとなった中国や、その中国と境を接する朝鮮とベトナムでは、梵鐘など銅器の鋳造はおこなわれていたようである(坪井良平『朝鮮鐘』、J. K. Whitmore, 'Vietnam and the Monetary Flow of Eastern Asia, Thirteenth to Eighteenth Centuries')。それと比べると、中世を迎える以前の日本における銅の不在はきわだったものであった。

人々の間の蓄銭額を制限しようとした中国王朝とは対照的に、日本の政府は一定額の銭を政府に納入した者に位階を与える蓄銭叙位令《ちくせんじょいれい》(七一一年)を出して人々の銭貯蔵を奨励しようとしたが、取引の現場での銅銭使用は広まらなかった。銅不足から追加供給がむずかしくなった銅銭は、ますます流通の現場から消えていくことになる。なお、足りなくなったのは銅だけではない。皇朝十二銭のうち、後の方の時期の銅銭は重量が軽くなっていくだけでなく、錫の含有量が少なくなっている。第一章でふれたように銭面の文字を鮮明に鋳だすには錫の含有が不可欠であるが、錫不足の末期の皇朝十二銭は不鮮明となっている。日本列島における有力な錫鉱山の不在は、後々大きな問題となる。

一二世紀まで、日本列島の人々が交易に用いていたのは穀物や布といった物品貨幣であった。たとえば、大和の平群《へぐり》郡に残された一〇七四年から一一八二年にかけての土地契約文書のうち、五件が「絹十疋」というように絹で価格が建てられ、三一件が米によるものである。銭建ての契約は含まれていない（鈴木鋭彦『鎌倉時代畿内土地所有の研究』）。このようにおおむね平安期には人々は絹と米で売買をしていたようで、中島圭一はそれらを平安貨幣と呼んだ（中島圭一「日本の中世貨幣と国家」）。第一章に紹介した、一〇七二年に渡宋した僧の成尋の場合、渡航前の日本列島内では銅銭を使うなどということはほとんどなかったはずである。

ただし、あまりに日常的にすぎることは逆に史書には残りにくいものだが、人々が穀物や布のような物品貨幣に頼って交易をしていたというのは古今東西に見られることであって、平安期の日本が特殊だったわけではない。そもそも中国と境を接していながら、朝鮮では銅銭は一七世紀までほとんど流通せず、麻や木綿の布を主たる貨幣として使用していた（須川英徳「朝鮮時代の貨幣」）。人々が布を貨幣として使用していた事例は一九世紀以降アフリカ各地で確認されているが、一二世紀のバルト海のリューゲン島において人々が亜麻布で支払うのを常としていたことが知られているように、古くから世界的に広がっていた慣行であった（P. Vilar, *A History of Gold and Money, 1450–1920*）。

穀物の方の貨幣使用はより広範な慣行であったに違いない。銅銭流通の本場のはずの中国でさえも、一三世紀の江南の秀州《しゅうしゅう》の農民たちは米の袋を携えて市場へ行き油などに換えた、とされる(彭信威『中国貨幣史』)。また内蒙古のカラホト出土の一三四一年の文書によると、元朝の政府紙幣が使用されていたものの、一貫額面の紙幣では日当を支払うのに高すぎ、人々は小麦で売買をおこなっていた(李春園「黒水城文書所見元代亦集乃路物価」)。穀物を貨幣として使用するこうした慣行はかなり後の時代まで世界中に残存しており、カタルーニャのピレネー山脈の山間地域では、一七六〇年までやはり人々は穀物を袋に入れて市場へ通ったとされる(P. Vilar, *A History of Gold and Money, 1450-1920*)。本書がこれから論じる日本においても、穀物による支払いは広範にかつ根強く残ったようで、たとえば荻生徂徠《おぎゅうそらい》は、上総の農村では元禄期(一六八八―一七〇四)まで麦で支払いをするのが常であったと回顧している(『政談』)。金属製の通貨が使われていないからといって、けっして農村の人々が交易に依存していなかったわけではないのである。

一〇世紀終わりから一二世紀半ばまで日本列島内では、銅銭の鋳造どころか、ほとんど銅そのものの生産がなかったようである。九七七年から一一六〇年までの間の年号を鋳込んだ梵鐘が存在しないことは、この推測を支持する(表2)。銅生産がなくとも銅銭需要があれば、同時代に中国で鋳造された膨大な銅銭が流入することもありそうなものだが、博多のような対外貿易港周辺を除いて、一二世紀前半までの遺構から中国銅銭が出土することもほとんどない(櫻

表2　梵鐘鋳造の推移――日本と中国

年	日本(山城)	中国
1101-1125	0(0)	13
1126-1150	1(1)	18
1151-1175	7(1)	11
1176-1200	15(3)	12
1201-1225	15(2)	10
1226-1250	22(1)	5
1251-1275	49(4)	18
1276-1300	65(5)	20
1301-1325	69(7)	20
1326-1350	77(7)	29
1351-1375	75(3)	7
1376-1400	93(4)	9

出典：(日本)坪井良平『日本の梵鐘』角川書店，1970年，306-331，357-358頁.(中国)坪井良平『歴史考古学の研究』ビジネス教育出版社，1984年，485-520頁.

木晋一『貨幣考古学序説』）。ただし、銅そのものへの需要はあったようで、各地で出土する青銅製の経筒《きょうづつ》がそのことを示している。経筒とは、後世に伝えるため埋納した仏教の経典を保護するための筒型容器のことである。平安末期の末法思想の流行を反映していた。その経筒に含有される鉛の同位体比を調べた平尾良光は、一一五〇年頃までに埋められたものは日本産の鉛を含んでいたが、以後は中国南部産の鉛に変わったことを発見した（平尾良光「材料が語る中世」）。鉛には放射性同位体があるのだが、鉱山によってその比率に個性があり、産地の推定が可能なのである。一二世紀後半に中国産鉛への置き換わりが起こったということが、日本における銅銭需要の変化について、重要な示唆を与えてくれる。その変化を起こした発端は中国大陸にあった。

過低評価される銅銭

一一二七年に北宋を滅ぼして北中国を支配した金王朝(一一一五―一二三四)は、当初自らの年号を鋳込んだ銅銭の鋳造をおこなわなかった。実際のところ、北宋の首都開封を接収した時に一億貫にのぼる銅銭を入手したとの逸話が残るように、大量の北宋銭を手にしたためにわざわざ費用をかけて新たに鋳造する必要がなかったともいえる。しかし一一五三年に首都を中都(現在の北京)に移すと、はじめて自らの年号を鋳込んだ正隆元宝を発行する。このあたりの経過は北魏の孝文帝の政策を彷彿とさせる。鋳造はつづき、海陵王《かいりょうおう》が南宋との本格的な戦争を開始した一一六一年には大定通宝《だいていつうほう》を発行する。しかし大定銭一四万貫を鋳造するのに八〇万貫の費用がかかったとされるから、おのずと金の鋳銭規模は小さくならざるをえなかった(潘無懼「由〝承安寶貨〟銀幣看金代貨幣制度的沿革」)。先に示した表1の金代洛陽の埋蔵銭の銭種構成は、そうした同時代の状況を反映している。ただ、ライバルの南宋以上に費用をかける無理をした鋳造であったから、裏を返すと、金支配下の地域では南宋支配下以上に銅銭が高く評価されていたということである。当然のことながら、南宋政府は銅銭が金側に流出することを警戒して対策を講ずる。

一一二七年に臨安(杭州)を都として成立した南宋政府にとって、南下を進める金軍に対する最前線である揚子江下流域を含む両淮《りょうわい》地方を防衛することは喫緊の課題であった。一一七〇年、南宋政府は同地域に三つの鉄銭鋳造所を設置し、毎年九〇万貫の鉄銭の鋳造を開始する。同地域の高郵《こうゆう》の南宋遺構からは大量の鉄銭が出土しており、実際に鉄銭が投下されたことをうかがわせる（劉恩甫「江蘇高郵出土南宋鉄銭的初歩清理報告」）。それまで同地域の兵士は銅銭で給料を受領していたのだが、一一七一年、南宋政府は兵士が銅銭を売りに出すことを禁止する法令を出す（『続文献通考』巻七）。南宋政府は基本的に鉄銭一文をもって銅銭一文に代替する方針であったので、兵士たちが手持ちの銅銭をより高い相場で売り出し、結果的に金側に銅銭が流れてしまうことを恐れたのである。

しかし、現地の人々が公定の交換比率をやすやすと受け入れたはずはない。一一九二年に、同地域で鉄銭四文が銅銭一文に交換されているのを禁止する法令が出されている。このことは、政府の指定する交換比率が現場の需給からかけはなれていたことを如実に示す。過低評価された銅銭は行き場を失いエンドユーザーの手元に保蔵されるか、あるいは外に向けて売り出されることになる。一一九九年には高麗と日本からの商人たちに銅銭を売ることを禁ずる法令が出されているから、使用を制限された銅銭が海外に売却されたことは間違いない（『宋史』巻三七）。それでは、米と絹を貨幣としていた日本から、なぜ銅銭を買い付けに来たのであろうか。

異朝の銭

先に述べたように、平安時代を通して、日本での土地取引は米ないしは絹建てでおこなわれていた。一一五〇年に東大寺関連の大和の荘園で銭建ての契約が一件現れるものの、現在までのところ孤立した事例にすぎない。ようやく一一七六年に山城で、一一八七年に紀伊で銭建て土地契約が現れ、一三世紀初頭にかけて銭建て契約は広がりはじめる。ただし地域による偏差がはなはだしく、たとえば大和の河上荘《かわかみのしょう》の場合、一〇四五年から一二七一年にかけてなされた土地契約文書九九件には銭建てのものは皆無で、一一四三年までに絹建てが数件あるのを除き、すべて米建てであり、銭建て契約が現れるのは一二七三年を待たねばならない(鈴木鋭彦『鎌倉時代畿内土地所有の研究』)。このように、土地契約文書から見るかぎり、一二世紀のうちに銅銭流通が急速に拡大したようには思われない。

一一七七年に京都は大火に見舞われ多くの寺院が焼失した。仏像をはじめとする仏具もたくさん失われたと推測される。その二年後の一一七九年六月のこととして、『百練抄《ひゃくれんしょう》』は「近日、天上天下病悩、号之銭病」と記す。さらに九条兼実《くじょうかねざね》の日記『玉葉《ぎょくよう》』によると、同年七月に京都の朝廷では異朝の銅銭が現れていることが問題とされ、検非違使《けびいし》は中国銭を私鋳銭とみなし禁止すべきであると主張していた。長い間銅銭の存在は話題にもされてこなかったのに、なぜ一一七九年という年に中国銭のことが問題視されるほど人々の目に触れるようになったのか、直接その事情を示す記述は乏しい。

しかし、京都の大火と中国銅銭出現が無関係ではないかもしれないことを示唆する有名な史実がすぐにつづく。一一八一年、平重衡《たいらのしげひら》による南都焼き討ちで東大寺の大仏が破壊される。その東大寺造営の勧進《かんじん》の宣旨《せんじ》を受けた重源《ちょうげん》(一一二一―一二〇六)たちは一輪車を押して諸国を行脚し寄付を募るのであるが、最初に回ったのは京都の支配者層であり、八条女院《はちじょうにょいん》からは銅一〇斤の奉加《ほうが》を受け、その他の貴族たちからはそれぞれ銅銭一〇〇〇貫あるいは金五両の勧進を募った(『玉葉』巻八)。銅一〇斤(六・七キログラム)程度といえども、列島内での生産がほぼ途絶えた日本で輸入銅銭を溶かす以外にまとまった銅を入手するのはむずかしかったはずである。集められた銅銭と金は大仏再建立の経費支払いのための貨幣として間接的に使用するのではなく、むしろ大仏の鋳造と鍍金をする直接の素材であったかもしれないことをうかがわせる。同じ一一八一年の兵火の後、二体の金銅の千手観音立像が鋳造され、興福寺食堂《じきどう》の本尊である木造の千手観音立像の内部に納入されて現存する(奈良国立博物館『平安鎌倉の金銅仏』)。

素材としての中国銭

はたして、一三世紀になると、銅銭が素材として用いられたことをはっきりと示す史料が現れはじめる。鎌倉幕府の年代記『吾妻鏡《あずまかがみ》』は一二三五年六月のこととして、鎌倉の明王院《みょうおういん》で銅銭三〇〇貫を使って大きな梵鐘を鋳造しようとして一度失敗したが、さらに三〇貫を追加したところ鋳造に成功した、との記事を載せる。さらに一二四九年、安芸の厳島神社は一五二貫六〇〇文の銅銭をもって梵鐘を鋳造している（『鎌倉遺文 古文書編 補遺』巻三）。

梵鐘の銘文は貴重な情報を提供してくれる。何よりも多くの銘文はその鋳造年を記してくれているから、梵鐘鋳造の頻度の推移を追うことができる。明治初期の廃仏毀釈と第二次大戦期の金属供出でかなりの鐘が破壊されたのだが、現物が失われていてもその銘文は拓本などとして残されている場合も少なくない。現存・遺失双方の古鐘の銘文を集めた坪井良平の研究によると、九八七年から一一四六年の間に日本列島内で鋳造された梵鐘は二鐘のみであり、この間の銅供給の枯渇を裏打ちする。ところが、表2に明らかなように、一二世紀の第三4半期には梵鐘鋳造は復活し、さらに最後の4半期から一三世紀にかけてははっきりと増加する。この間、日本列島内で有力な銅鉱山の開発があったことは確認されていない。

そもそも銘文そのものに、鐘が銅銭を素材として鋳られたことを示すものもある。一二八七年鋳造の肥後の大恩寺《だいおんじ》、一三〇一年の伯耆の国英神社《くにふさじんじゃ》、一三一〇年の肥後の浄光寺、一三四七年の紀伊の妙国寺、一三五八年の肥後の日輪寺、一三七六年の尾張の妙興寺などである。日輪寺の銘文においては一〇〇〇貫の銅銭から鋳造された、と分量も示す（坪井良平『日本古鐘銘集成』）。山城の宇治田原の禅定寺《ぜんじょうじ》に伝わる文書はより具体的に奉加の銅銭と梵鐘の関係を記述してくれている。禅定寺はすでに一一八一年に梵鐘を備えていたのだが、一三〇一年に破損してしまい

表3　鎌倉大仏の金属組成(%)

	元豊通宝	鎌倉大仏	奈良大仏
銅	67.35	67.04	91.60
錫	7.58	8.42	2.46
鉛	24.66	23.94	1.61
鉄	0.48	0.02	0.37

出典：(元豊通宝) Helen Wang et al., *Metallurgical Analysis of Chinese Coins at the British Museum*, London, British Museum, 2005, p.17. (大仏) 馬淵和雄『鎌倉大仏の中世史』新人物往来社, 1998年, 16頁.

鳴らなくなったため地元で奉加二八貫七〇〇文を集めて鋳《い》物師《もじ》を呼んで鋳直す。その際、元々の鐘が二〇貫の重さがあったのだが、さらに奉加として募った銅銭から一五貫を足して三五貫の重さの新しい鐘を鋳造したという。銅銭が溶かされて鐘の材料とされていたことはまぎれもない（黒田俊雄『蒙古襲来』）。梵鐘の鋳造の年次頻度の推移を、日本列島への中国銅銭流入量の変動の代理指標とみなしても、大きな間違いはなさそうである。列島へ輸入された中国銭が溶解されて鐘となるのに数年ないしはそれ以上の時間差があったであろうが。

表2によると、一二五〇年頃から日本列島内における梵鐘鋳造にさらに拍車がかかったように見える。そのまさしく一二五〇年代初めの鋳造とされるのが、高徳院《こうとくいん》の大仏、通称鎌倉の大仏である。そもそも一二〇トンもあろうかという巨大な青銅仏の制作年が伝わっていないということが謎めいているのだが、その金属組成が宋銭のそれとほとんど一致している点が重要である。表3のように、北宋政府による銅銭鋳造額の頂点の時期に鋳られた元豊銭の金属成分比とほとんど変わらない。重源の勧進により再建した東大寺の大仏も中国銭を素材としていた可

能性が高いが、現存の大仏は一五六七年の松永久秀《まつながひさひで》の焼き討ちによる二度目の焼失の後、江戸期に再々鋳造されたもので、純銅に近い成分比となっているのとは対照的である。ただ鎌倉の大仏の鋳造過程については不明のままなので、その金属成分比が中国銭と同じであることについては指摘されていたものの、それ以上の意味づけを与えることはできずにいた。しかし平尾良光による鉛同位体分析は、大仏に含有される鉛が日本産ではなく中国南部産であることを明らかにし、大仏が中国銭をそのまま溶かして鋳造されたものであることが決定的となった（平尾良光「鎌倉大仏の素材は中国銭」）。少なくとも三万貫の中国銅銭が鎌倉大仏鋳造の原料として用いられたことになる。

梵鐘の場合と同じく、白鳳・天平期に盛んに造られた後ほとんど金銅仏の鋳造は途絶えていた。梵鐘ほど個体数は多くないが、日本列島内における金銅仏の鋳造はやはり一二世紀末以降に流行したものである。鎌倉の大仏はその代表格なのであるが、ことに鎌倉期に流行ったのは、一一九五年の年記を持つ甲斐善光寺像にはじまるとされる、善光寺式阿弥陀三尊像と呼ばれる三体を並べた金銅仏であった。二〇〇例以上が現存

表4　日本における金銅仏鋳造の推移

1101-1125 年	1
1126-1150	0
1151-1175	1
1176-1200	2
1201-1225	3
1226-1250	5
1251-1275	10
1276-1300	4
1301-1325	5
1326-1350	4
1351-1375	2
1376-1400	1

出典：奈良国立博物館『平安鎌倉の金銅仏』1976 年.

するとされるが、そのうち鋳造年のわかるもの三八例の年次分布を示したのが表4である。そのうち三一例が鎌倉期の鋳造による。三尊像は北条得宗家《ほうじょうとくそうけ》の信仰を集めたとされるが、現存の三尊像はほとんどが信濃以東の東国にあったものであり、鎌倉幕府との関係がうかがわれる。表4によると、鋳造のピークは一三世紀の第三4半期にあり、善光寺式阿弥陀三尊像ではない鎌倉大仏もまさしくその時期に鋳造されているから、日本列島内で金銅仏鋳造の流行が極まった時期とみなしてよいのだろう。表2に示されている梵鐘鋳造よりもピークが早く来ているのは、銅銭を供給する側の条件よりも、金銅仏流行による需要側の状況を反映しているのかもしれない。なお、善光寺式阿弥陀三尊像のほとんどは一尺すなわち三〇センチ前後の高さで、梵鐘と比べると使用された金属の量ははるかに少ない。中国銅銭の日本列島全体への輸入量の趨勢を推定する指標としては、やはり表2の梵鐘鋳造の方を採るべきである。

紙幣に追い出される銅銭

では、同時代の中国大陸の方に目を戻してみよう。南宋政府は北宋政府以上に政府紙幣発行に頼るようになったが、その受領性の維持には相当な工夫を施していた。一三世紀後半にはくずれだすが、南宋が三年(のちに六年)ごとに新旧紙幣を交代させるという原則を維持したことは、すぐに期限を撤廃してしまった同時代の金の紙幣発行と対照をなす。第一章で述べたように、そもそも単一の様式の紙幣を支配領域に一律に押し付けようとせず、会子や銭引など地域ごとに違った様式の紙幣を発行したのは、その地域ごとに紙幣を回収するのに好都合で、旧幣の回収と新幣の発行を通して受領性を保つのには適していた。発行現場の台帳に基づき真偽確認をするのでなければ、回収するのはむずかしくなる。

どの紙幣も銅銭建てとなっており、一貫額面の紙幣が取引の現場において銅銭いくらで交換されるのかが、受領性の高さを示す指標となる。一一六八年に南宋は二〇〇万両の銀と交換に旧紙幣を回収して焼却し、それ以降三年ごとに政府紙幣を回収する制度を確立する。紙幣の額面はあくまで銭建てであるが、政府紙幣の市場での相場が下がりはじめると、銀や銅銭にかぎらず、絹や塩引《えんいん》のような有価証券まで動員して旧幣の回収につとめた。僧侶の国家資格である度牒《どちょう》まで売り出すことがあったのは、僧侶の身分が徭役免除を伴い市場価値があったからである。

東南地域では会子が流通していたが、銭納を主体としていた従来の納税方式を改め、会子による納税を半分まで引き上げることを認めると、会子の相場が一貫紙幣＝六〇〇―七〇〇文に上がった、と朱熹《しゅき》(一一三〇―一二〇〇)が叙述している。第一章で述べた銅銭七七〇枚を一貫とする公式レートに近づいたわけである。このように、南宋政府は収税を通じても紙幣の受領性を維持しようとする。実際に行財政の末端で紙幣の出納が増えていったようで、福建の福州《ふくしゅう》の州庫では、一二〇五年には三二万貫の銅銭に対して会子はわずかに七〇〇〇貫しかなかったのが、一二一四年には銅銭が二五万貫に減っているのに対し会子は三二万貫に増大している。南宋政府はしきりと人々に紙幣の蓄蔵をすすめており、たとえば一二一五年頃、福建南部の漳州《しょうしゅう》では土地の所有規模に応じて各戸を上中下の三等に分け、それぞれ二〇〇貫、一〇〇貫、そして五〇貫の会子の蓄蔵を義務づけたりしている（汪聖鐸『両宋貨幣史』）。そのような政策が額面通り履行されたとみなす証左はないが、政府紙幣の使用がエンドユーザーのまわりに浸透してきたと見て大過はなさそうである。

寧波《ニンポー》などで残されている南宋時代の土地取引の価格は会子建てとなっている。紙幣（会子）依存が進み、銅銭不足が小額取引を困難にさせていることから、一二三八年には、五〇文や一〇〇文の竹牌《ちくはい》や木牌《もくはい》が流通している、との上奏がなされるほどになる。一二四七年になると安徽の寧国府《ねいこくふ》の知事が、水路を使って遠隔地貿易にたずさわる商人が銅銭を持ち去るので、山深い同地域内では紙幣ばかりが流通している、と述べるにいたる。本来は、携帯に便利な紙幣が地域間決済手段、かさばる銅銭こそが現地通貨、という補完的分業関係になるはずであったのが、ついには逆転する現象も現れたのである（高橋弘臣『元朝貨幣政策成立過程の研究』）。

同じころ、南宋と対峙していた金政府はより以上に紙幣依存を深めていく。ただし南宋と対照的に、回収するシステムが働いていない紙幣は減価の度合いを加速させ、一〇貫紙幣の実勢レートが銅銭一〇枚にも満たないとされるほどになる。金はより高額面の新札発行を繰り返し、紙幣流通を強制するために一二一五年に銅銭の流通を禁止する。金の官僚であった劉祁《りゅうき》はこの時、江南から来た商人たちが大量の銅銭を買い取って南下している、と記述している(『帰潜志』巻一〇)。政府紙幣の受領性の高低において南北の差は激しかったが、銅銭が交易の現場から遠ざかっていく傾向は共通していた。

絹の疋から銭の疋へ

南宋政府は前述の一一九九年にひきつづき、一二一二年にも銅銭の海外輸出を禁じる法令を出している(『宋史』巻一八〇)。取引や納税の手段として政府紙幣が末端まで浸透していく一方で、一文の額面でしかない原子通貨としては素材価値が高すぎ、かつ宋銭だけで二〇〇〇億枚という膨大なストックを有する銅銭が、相当な量輸出されたのであろうことは想像に難くない。有能な官僚として知られた包恢《ほうかい》(一一八二—一二六八)は、淳祐《じゅんゆう》年間(一二四一—一二五二)に浙江の台州《たいしゅう》や温州《うんしゅう》に日本から商人が来て一〇倍の価格の商品と交換に銅銭を買い集めているので、台州では銅銭が底をついて困っている、と上奏している(『敝帚稿略』巻一)。このころから回収が損なわれた紙幣の減価が進み、銅銭の過低評価が加速されていた。砂金や火薬製造用の硫黄、建築用の木材など中国側の需要の高い商品を日本から持ち込んだ商人が、大量の銅銭を買い集めていくのをとどめることはできなかった。鎌倉の大仏はこうした非公式貿易によって鋳造されたのである。

時をほぼ同じくして、日本では銅銭の通貨としての使用が広まりを見せる。前述のように、列島内での取引は米や絹で建てておこなうのが一般的であったが、地方の荘園公領から京都へ年貢を納める場合も米や絹で搬入するのが常であった。しかし一二二〇年代に絹建ての年貢支払いを銭建てに改める傾向が顕著になる。いわゆる「代銭納《だいせんのう》」の最初のブームが訪れたのである。絹から銅銭への転換を象徴しているのが、疋《ひき》という銅銭の単位の呼称の登場である。本来、疋は布の単位であり、絹の長さ(一疋＝二二・六メートル)を表すのに使用されていたのだが、一三世紀前半を通じて銅銭一貫を一〇〇疋として数える慣行が広まり、やがて一疋といえば銅銭一〇枚を指すことが日本社会に定着する(松延康隆「銭と貨幣の観念」)。

この時期の代銭納への転換は絹から銅銭へが主であり、米建ての年貢が銭納入に転換する趨勢にはなっていない。先に述べたように、中国では長く地域間決済手段としての絹と現地通貨としての銅銭との間に補完的な分業が成り立っていたが、一二二〇年代に日本では、中国とは異なり、京都への年貢納入という遠隔地支払いにおいて銅銭が絹を代替しはじめたのである。素材として需要された銅銭が列島各地に行きわたってきたことが背景にあるのかもしれない。しかし米建ての年貢についての銭納化が進むのは一三世紀の最後の4半期を待たねばならない。

単純化してしまえば、日本列島において一三世紀の中途までは、中国銅銭は地域間決済の取引の水準には普及してきていたが、中国におけるように現地通貨として浸透するにはいたっていなかったのである。

先に述べたように、当時金銅の三尊像は東国中心に流行していたのだが、図1の鞆《とも》の浦《うら》(現広島県福山市)の安国寺に伝わる善光寺式阿弥陀三尊像は一二七四年に作られたもので、西日本に所在し、かつ木造であったという点がめずらしい。その像内に「善光寺如来造立勧進帳」な

図1　鞆の浦, 安国寺の善光寺式阿弥陀三尊像(重要文化財)
出典：福山市鞆の浦歴史民俗資料館編『特別展　港町鞆の寺院　その二 臨済宗寺院』2001年

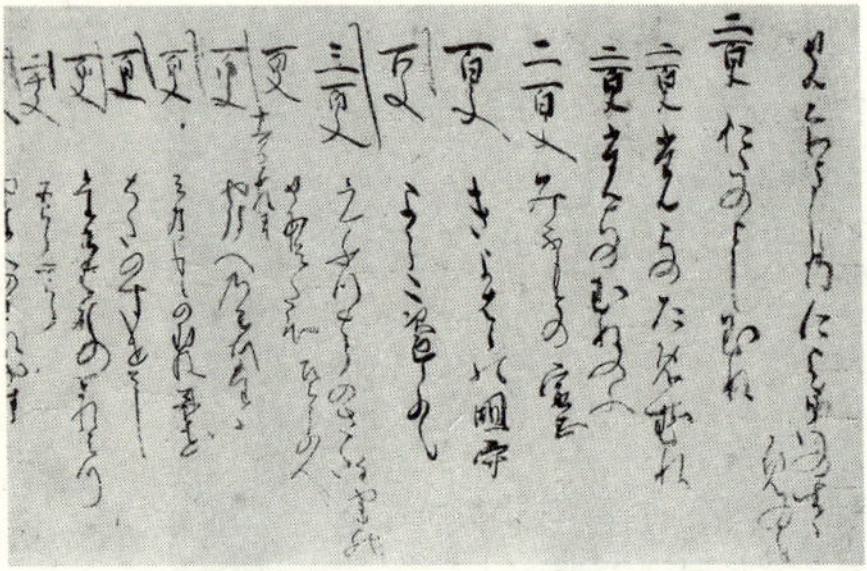

図2　像内に納入されていた「善光寺如来造立勧進帳」(重要文化財)
出典：図1に同じ

るものが残されていた(図2)。それによると「二百文於たのよしむね」をはじめとして六〇人以上が名を連ね、計一二貫四四四文を寄進している。鞆の浦は瀬戸内海交易に従事する多くの船が風待ちのために停泊した中世海運の要衝である。遠隔地交易を営み他地域から来た船主たちが少なからぬ銅銭を携帯し、航海の安全を祈ってその一部を寄進していたことを、勧進帳は物語ってくれている。峰岸純夫が指摘したように、総排水量の三分の一相当の重量のバラストが必要とされていた当時の帆船にとって、甕に入れた銅銭はすでに有用な積み荷となっていたに違いない(峰岸純夫『中世荘園公領制と流通』)。

こうした遠隔地交易の枠を越えて、列島内での中国銅銭の使用をさらに深化させていくのは、やはり大陸での銅銭使用の大きな変化であった。

元朝の「紙幣本位」制

一二五〇年代に入ると南宋は、モンケ・ハン擁立により内紛をおさめ攻勢を強めるモンゴルに対し、防衛戦争の財政的負担に苦しみ、歳入一億二〇〇〇万貫に対し歳出が倍以上の二億五〇〇〇万貫にのぼるようになる。南宋は紙幣増発によって赤字を埋めるようになり、実質的に回収されなくなった紙幣の受領性が失われるなか、一二七六年に都臨安は陥落、ついに一二七九年に滅亡する。南宋の会子五〇貫を元朝政府は中統鈔《ちゅうとうしょう》わずか一貫と交換して回収していくことになる（汪聖鐸『両宋貨幣史』）。

その中統鈔は、フビライ・ハン治下のモンゴル帝国が一二六〇年に、それまでの地方政府による紙幣発行を廃止して、中央政府紙幣として発行をはじめたものである。モンゴルの紙幣制度は、制度的には金朝のそれを襲っていたといえる。金政府と同じく、人々の金銀による取引を禁止する代わりに、平準庫《へいじゅんこ》と行用庫《こうようこ》を各地に設置して、それぞれ紙幣の銀への兌換と、手数料をとったうえでの旧紙幣と新紙幣の交換に応じた。史書は、一〇文から二貫までの一〇の額面の中統鈔を発行したとするが、はたして手数がかかる一〇〇文以下の小額面の紙幣を実際に発行していたのかは定かでなかった。というのも、後で述べるように、元朝統治下において小額通貨が不足していることがたびたび問題となったからである。しかし内蒙古のフフホトの白《はく》塔《とう》の墓から最小額面の一〇文を含む中統鈔が出土したことにより、たしかに当初は史書の記すとおり発行していたことがあらためて明らかになった。ただし、小額面紙幣が存在していたことが、北中国で不足していた銅銭の代わりをその紙幣が十分にはたしえていたことを意味するわけではけっしてない。

フフホト出土の中統鈔は紙幣の運用制度に関する重要な情報をもたらした。図3は日本銀行貨幣博物館所蔵の至元鈔《しげんしょう》(一二八七年発行)の画像であるが、中段の右側の字料、左側の字号の欄が空欄になっている。フフホト出土の中統鈔には、その部分に『千字文《せんじもん》』(南朝梁の周興嗣《しゅうこうし》が著した文字教本)から選んだ二つの漢字が印刷ではなくスタンプされていたのである(衛月望「壹拾文中統元宝交鈔考説」)。右側の字料に「東」、左側の字号に「光」が押してあったのだが、東は『千字文』の四一三番目、光は五六番目にあるから、現代風に言って、この紙幣は413–56という通し番号を持っていたということである。この二つの字の組み合わせは旧紙幣を新紙幣と交換する時に旧紙幣の真偽を確認する重要なチエックポイントとされていた。この出土は、史書に手続きとして記されていたことが実際においてもおこなわれていたことを示唆するものであった(「建言焼鈔」『南台備要』)。前田直典によ

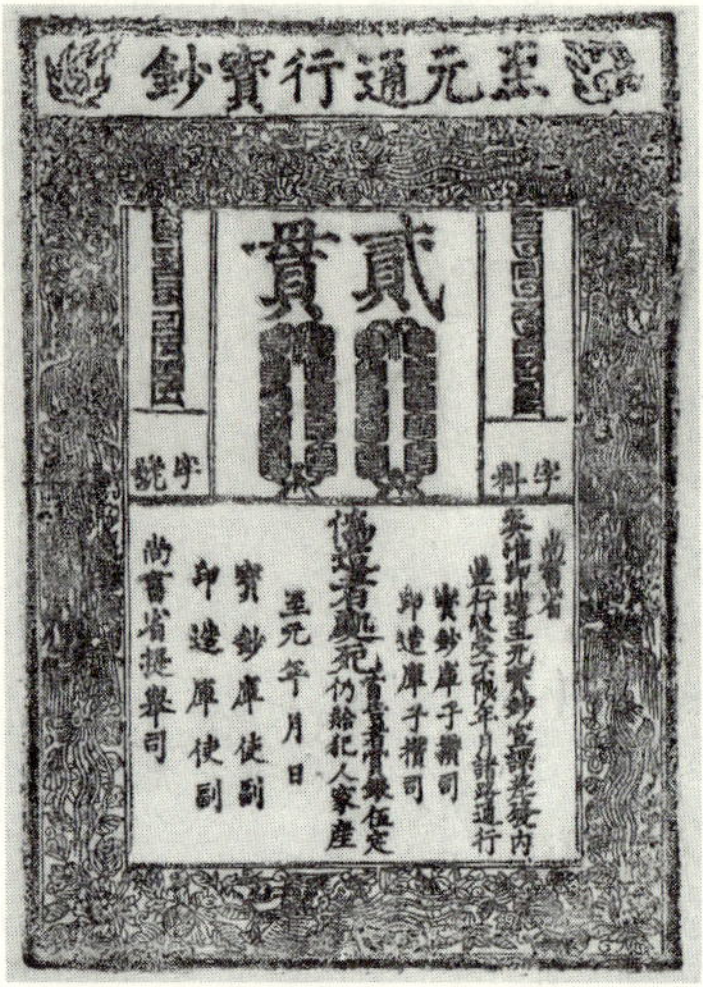

図3　至元通行宝鈔

出典：『日本銀行金融研究所 貨幣博物館』改訂版(開館十周年記念)，日本銀行金融研究所，1995年

ると、カラホト出土の一貫額面の中統鈔にも「道」と「唐」がそれぞれ字料と字号に押印されていたとされる（前田直典『元朝史の研究』）。このフフホト出土中統鈔における字料・字号の押印は、当初、モンゴルの政府紙幣が一〇文のような小額面のものも含めて、実際に行用庫に持ち込まれて新紙幣に交換されることを想定して発行されていたことを示唆する。

しかし、一二七六年の元軍による江南占領は中統鈔の役割を大きく変えていくことになる。この年、それまで木版刷りであったのを銅版刷りにする。文字通りけた違いの数量の政府紙幣の発行が求められていたからである。モンゴル帝国は、耕地への課税に重きをおいていた過去の中国諸王朝とは根本的に異なる財政構造を構築していた。商業活動への課税と専売による収益が彼らの行財政の基礎をなした。特に重要であったのが塩の専売から得る歳入であった。おそくとも一二七七年には、塩の販売権益の証券である塩引の価格をそれまでの銀両建てから中統鈔建てに変えている。元朝は一二八七年、新たに至元鈔を発行して中統鈔を一対五の比率で回収しようとしたが、元代を通して末端では中統鈔建ての取引が普及した（宮澤知之『中国前近代の貨幣と財政』）。

残された数値は塩専売の重要性を如実に示す。一三〇七年に元朝は中統鈔建てで一〇〇万錠の紙幣を発行して四〇〇万錠の歳入を得ていた。一錠は五〇両のことであるが、紙幣二両が銀一両と等価とされたので、銀単位に直すと二五〇〇万両の紙幣を発行して一億両の歳入を得ていたことになる。その翌年の一三〇八年の数値になるが、塩の専売収入は三二五万錠にのぼっているから、塩専売は元朝の歳入の八割以上を占めていたことになる（宮澤知之『中国前近代の貨幣と財政』）。逆に塩を買わされる側から見ると、高価格の塩をおしつけられていたことになる。塩価格が一斤四〇〇文にのぼった場合もあり、貨幣単位としての文の価値の低さを考慮すべきとはいえ、元代は中国歴代を通じて塩価格が最も暴騰した時代であると佐伯富が断じたのは首肯できる（佐伯富『中国塩政史の研究』）。

　重要なことは、その塩専売収入の徴収に大きな地理的偏差があったことである。一三二九年には、元朝政府は全体として二五四万余の塩引を売り中統鈔で七六六万余錠の収益を得ていたが、両淮地域だけで九五万余の塩引を売り二八五万余錠の収益を得ていた。淮河下流域から揚子江下流域にかけての地域だけで塩専売収入の三分の一以上を占めていたのである。

　この塩専売収益の地理的偏差は政府紙幣の回収システムの密度における地理的偏差と重なる。すでにふれたように、古くなった政府紙幣を新しいものに交換することに元朝政府は注力して紙幣の受領性を維持しようとする。その新旧交換の機構である行用庫は揚子江下流域に集中的に設置されたが、福建には少なくとも大徳《だいとく》年間（一二九七―一三〇七）までは二か所しか設けられていない。元朝治下での安定した紙幣流通について述べたマルコ・ポーロも、福建では紙幣が流通していないと記している。その紙幣交換機構設置の疎密は、元朝による各地での銅銭使用への制限の強弱とも重なった（前田直典『元朝史の研究』）。江南の地方官鄭介夫《ていかいふ》は、福建では廃銭を使用している、と記しているが、元朝政府は福建と広東では銅銭使用を認めていたのである（鄭介夫「太平策」『歴代名臣奏議』）。対照的に、元朝政府は江南を占領した翌年の一二七七年にすぐさまこの地での銅銭使用を禁止している。銅銭の流通は中統鈔の浸透の障害になるとみなしたからである。さらに日本商人に対して金と交換に銅銭を売却することを認めた（『続文献通考』巻九）。南宋政府の銅銭禁輸政策を全く逆転させてしまったことになる。日本側から見ると、一二七四年と一二八一年の二度の元寇の真っただ中の時期であったが、元朝政府にとっては、征服したての江南に自らの紙幣を流通させることの方がはるかに重要な課題であったに違いない。

わずかな期間を除きほとんど一三一一年まで、元朝は民間の取引に金銀を使用することを禁止したが、当初はそれでも政府紙幣を銀に兌換することには応じていた。江南攻略で大量の銀錠を没収して得たことがその政策を容易にさせたと考えられる。一二九四年に地方の平準庫には九三万六九五〇両（約三七トン）の銀が蓄えられていたのだが、一九万二四五〇両を残してあとは首都大都（現北京）に移動させ、一三〇四年には銀への兌換に応じていた平準庫そのものを廃止する（安部健夫『元代史の研究』）。その後は基本的に各地の行用庫で旧紙幣を新紙幣に手数料をとって交換するだけとする。一三四二年の江蘇の泰州《たいしゅう》の行用庫には流通に堪えない四四〇〇錠の旧紙幣と三三〇〇錠の新紙幣があったとされる。旧紙幣は焼却して流通に戻らないようにされた（前田直典『元朝史の研究』）。元朝は紙幣に有効期限を設けなかったが、末端の行用庫には毎年一定の新旧紙幣交換額が設定され、実質的に数年で旧紙幣が回収されるようになっていた。元朝政府の記録では、一二六九年から一三三二年までの間に五六〇〇万錠の紙幣が発行され、三六〇〇万錠の紙幣が回収されて焼却されたという（「宝鈔通考」『四庫全書総目』）。一三二四年から一三三二年の間には新しく発行する紙幣の額は減少したのに対して、回収されて焼却された紙幣の額は増加している。結果として紙幣建ての物価は、濫発がはじまる一三五〇年以前は安定する。元朝にとって財政上重要なのは、塩専売収入を増加させることであって、そのためには紙幣の受領性を維持することが求められた。

さて、塩専売収入に頼る元朝政府にとって揚子江下流域での中統鈔の流通確立は最重点政策であり、その推進の方策として同地域での銅銭の廃貨政策は相当進んだようである。というのも、フビライから占領後の江南の状況の視察を命じられ一二八三年に同地域を訪れた程鉅夫《ていきょふ》（一二四九―一三一八）が、江南では銅銭の流通が九割失われ、現地の人々は日常の取引に必要な小額通貨不足に苦しんでいると報告しているからである。程は銅銭使用の復活か、それができないなら零細額面の紙幣の発行を進言しているが採用されていない（『雪楼集』巻一〇）。実際、江南占領以後、元朝は零細額面の紙幣を流通させる努力を放棄した可能性が高い。カラホト出土の三〇文至元鈔(一二八七年発行開始)では字料と字号の欄は空白のままである(前田直典『元朝史の研究』)。

二〇年後の一三〇三年、鄭介夫は江南で流通する通貨の半分は銅銭で半分が紙幣だとしているが、人々の間で流通している紙幣の九割は偽札だとしている。あながち誇張とばかりはいえない。山東の曹州《そうしゅう》の事例だが、一三一二年に新紙幣との交換のため受け取った三〇〇〇錠の旧紙幣を精査したところ、一三一二錠が偽札だったとされている(『元典章』新集、戸部、鈔法)。銅銭廃貨政策の下、末端の取引では竹木牌などさまざまな代用貨幣が流通していたとされる。

市丸智子が明らかにしたように、元代に残された石碑銘文は社会の基層において銅銭建ての売買が根強く残った地域も少なくないことを示しているから、一概に銅銭が現地通貨としての機能を失ったとみなすべきではない(市丸智子「元代における銀・鈔・銅銭の相互関係について」)。しかし一方で、先に述べたように、江南の秀州や内蒙古のカラホトの事例は現地の人々が穀物による取引に依存していたことを明らかにしているから、銅銭以外の媒体が主となっている地域経済も広まったのであろう。いずれにしろ、基層の取引は元朝の行財政に伴う政府紙幣の循環からはいっそう自律的なものとなっていく。上層での政府紙幣流通という共通性を保持しながら、一方で基層における地方ごとの貨幣使用の多様性が極まりモザイク的な様相を見せたのが、元朝貨幣史の特徴であった。その中でも、塩専売の最大の収入源とされ、かつ日本との貿易の現場となった揚子江下流域は、銅銭廃貨政策の影響を最も強く受ける特異な地域となった。

海を越える銅銭

表2をふたたび見てみよう。列島内の梵鐘鋳造は一三世紀の最後の4半期に大きく増加する。サンプル数に劣るが、坪井良平が集めた中国における梵鐘鋳造の事例も同じ時期に増加している。同時代の元朝の廃銭政策に着目するならば、廃貨されて廉売される銅銭が東シナ海の西側でまず梵鐘などの素材として使用され、時をおかず海を越えて東側にも梵鐘鋳造のブームをもたらしたと推測するのは、けっして不自然ではないであろう。

一二七四年と一二八一年の元軍による二度の日本侵攻のはざまの時期にすら、先に述べたように、元朝政府は江南に日本商人が来て廃貨した銅銭を金で買い取ることを認めていた。さらに一二八二年には、元朝は、紙幣と交換して得た銅銭を、対外貿易の機関である市舶司に持ち込んで、海外から得た金珠貨に換えるようにしむけている(『元史』食貨志)。政治上、軍事上の対立をよそにして、元朝の積極的な関与を背景に、東シナ海両岸を結ぶ交易はそれまでにない発展をとげる。丈の長い木材は寺院などの建設材として重宝され、そして硫黄は元軍が頻繁に用いた火薬の製造原料として必需品となっていた。南宋時代にも日本からの硫黄と木材には強い需要があったのだが、金は両者ほど有用の財とはみなされていなかった(『四明続志』巻八)。

しかし対照的にモンゴルは日本からの砂金をより重宝した。モンゴル貴族が好む金糸を用いた衣装を織るのに用いられるなどしたからである。対して中国側からは、絹、陶磁器、仏典などがもたらされたが、それらは古代・中世を通じて日本側が買い求めてきたものである。この時期に特徴的だったのは、大量の銅銭の輸入にほかならない。

その当時の輸入のありようをいわばスナップショットとして伝えてくれるのが、一九七六年に発見された韓国新安沖沈没船の遺品群である。残された木簡から、同船は一三二三年に東シナ海交易の拠点であった寧波を出航し博多へ向かう途中に難破したものと考えられている（村井章介「寺社造営料唐船を見直す」）。一万点を超える陶磁器とともに積み込まれていたのが、重量二八トンに及ぶ銅銭であった。枚数にして八〇〇万枚、日本列島内最大の志海苔《しのり》埋蔵銭（後述）の二〇倍以上である。重要なのは、「東福寺」と書かれた木簡が見つかったことである。なぜなら、京都の東福寺は一三一九年に大火で伽藍が失われ、執権北条高時《ほうじょうたかとき》の肝いりで鎌倉幕府が再建のための唐船を派遣することを公認していたからである（『東福寺誌』）。同船が造営料捻出のために送りだされた寺社造営料唐船であった可能性は高い。

積まれていた銅銭は、東福寺の金銅仏や梵鐘を鋳造するための材料であったのかもしれない。同じく積まれていた錫のインゴットの存在は、銅銭が梵鐘鋳造用であった可能性をさらに強くする。鐘の音を澄ませるのには、錫の含有度を銅銭におけるよりも高くする必要があるからである。「大銭」と書かれた荷札らしきものが複数あるのも、市場で取引手段として通用する小《しょう》平銭《へいせん》(一文銭)と区別する、つまり素材用として特定する意図をうかがわせる(文化財庁・国立海洋遺物展示館編『新安船』)。大銭とは北宋が鋳造した高額通貨のことであるが、この点については第六章でふれる。この東福寺の例のように、一三世紀から一四世紀にかけての日本からの渡唐船は、大寺院が資金を博多の商人に与えて派遣されたものが多い。これは、表2に見られる梵鐘鋳造の増加と無関係ではあるまい(R. von Glahn, 'The Ningbo-Hakata Merchant Network and the Reorientation of East Asian Maritime Trade, 1150–1350')。

なお、大越国すなわちベトナムにおいては一四世紀に金石文が増加するのであるが、銅銭建てでの寄進に言及する内容が多いとされる(桃木至朗『中世大越国家の成立と変容』)。またライデンのオランダ国立民族学博物館は、一二〇〇を超えるジャワ島から将来された仏像など青銅製の仏具を保有する。多くは九世紀から一五世紀に鋳造されたものとされるが、当時のジャワ島では銅や錫の生産が確認されていない。そのジャワでは、それ以前と違い銅銭建てで土地契約を結ぶようになった、との一三五〇年頃の銅版碑文が伝わっている(A. Reid, *Southeast Asia in the Age of Commerce 1450–1680*)。元朝に廃貨された大量の中国銅銭は、東シナ海だけではなく、南シナ海も渡ったと考えてよかろう。

銅銭を溶かす利益

銅の需要が高いのは何も仏教関係にかぎらなかった。ちょうど梵鐘鋳造が増加していった一二九八年に後伏見《ごふしみ》天皇の即位の儀式がおこなわれ、その調度品の費用が「永仁御即位用途」に記録されている(『群書類従』巻七)。その中に、熟銅二六・七五斤(約一六キロ)の費用を一五〇〇〇疋すなわち一万五〇〇〇文と記している(新井宏「梵鐘と銅産の推移」)。現代風に換算すると一キロの銅が九三〇文であったということである。銅銭に含まれる銅の比率を考えるとこれは相当な高値である。このころ海を渡っていったであろう宋銭の多くは銅の含有比率が六〇から七〇%であり、重さが一銭(四グラム弱)だとして、目減り分を考慮しなければ四〇〇枚余りを溶かせば一キロの銅を得ることができる。つまり四〇〇枚ほどの銅銭を溶かして銅にすると九三〇文を得る、ということである。この銅価の高値がつづくかぎり、廃貨された中国銅銭を寧波などから輸入するのは、輸送費用と溶解費用を差し引いても充分な利益を商工業者たちにもたらしたに違いない。

こうした銅の実勢価格と銅銭の額面との逆鞘現象は、先に述べたように中国では唐代にすでに起こっていたことであり、一二世紀後半の南宋治下の南中国と金治下の北中国の双方でもはっきりと現れている。さらに言えば、時代が下って一九世紀末においてさえ、鋳造規格が順守されていた康熙《こうき》(一六六二―一七二二)、乾隆《けんりゅう》(一七三六―一七九五)のころの銅銭一〇〇〇枚を溶かして五本の水たばこ用パイプを作ると、五〇〇〇文強を得ることができるとされた(「銷毀銅銭」『見聞瑣録』)。この場合は、工業用原料としての銅需要の世界的な高まりが背景にあるのだが。

つまるところ、一一世紀や一八世紀のように中国における銅その他の金属生産費用が下がった時に大量の銅銭が一文額面で発行されるが、その後金属相場の高騰が起きても、エンドユーザーの間ではその一文銅銭が原子通貨として取引の土台となってしまっているから、額面を弾力的に変更することができない。そのため、長く歴史をたどると、上記のような逆鞘現象が繰り返し起こっていたことがわかる。

銭建て取引の普及から定期市へ

先に紹介した山城の禅定寺の話に戻ろう。一三〇一年という年になされた鐘の再鋳造は、元朝政府により廃貨された中国銅銭の大量輸入の動きが、日本列島の山里の寺にまで及んでいたことを物語る。さて、その時奉加に集められたのは全部で二八貫七〇〇文であった。そのうち一五貫が梵鐘鋳造の素材として溶かされたのであるが、残りのうち一〇貫は鋳物師に手間賃として支払われ、七〇〇文は鐘楼を建てる経費としてもちいられ、三貫があまったとされる。つまり、一〇貫七〇〇文分は、素材としてだけではなく、本来の貨幣としても働いたということである。

一三世紀の最後の4半期から、貨幣としての銅銭の使用が列島内においてより頻度を増したことは間違いない。最もはっきりした変化は、土地売買における銭建て取引の増加である。先に紹介した大和の河上荘の場合、一二七三年になってはじめて銭建て取引が現れるのだが、一三〇四年から一四四〇年までの間になされた四一件の取引では銭建てが主流となり、ことに一三五二年以降の三〇件では、一三七八年に米建て取引が一件あるのを除いてすべて銭建てとなった(鈴木鋭彦『鎌倉時代畿内土地所有の研究』)。

現場での銭建て取引増加に対応して、やはり一三世紀末より京都の荘園領主への年貢の支払いも銭建てに代わる趨勢となる。いわゆる代銭納への転換であるが、一三世紀前半がすでに述べたように絹から銅銭への転換であったのに対し、この時期から米での支払いを銭に転換する動きが強まる。支配層にとっての収入が銅銭に代わっていくこの趨勢に対応して、支出の方の手段も銅銭に傾斜していく。松延康隆は『鎌倉遺文』に集められた事例をもとに、一二八〇年代から銭建てでなされる公的機関の支出が増加していたことを指摘している(松延康隆「銭と貨幣の観念」)。

当時、銅銭のエンドユーザーたちが支払いに使用する場といえば、三斎市《さんさいいち》などと呼ばれ一〇日おきに開かれた各地の定期市であった。農民たちは米や大豆など自らの生産物を背負って訪れ、買い手たちと掛け合って銅銭を手に入れ、必要な日用品を買って戻るのである。その定期市が史料に現れる年代を並べていくと、一二五〇年代から増えはじめ、一四世紀に大きく増加する傾向が見てとれる(表5)。

地方の荘園の年貢納入者たちが、近くの市場で生産物を売って銅銭を得ることができるようになり、かさばって輸送の負担が重い穀物などでの年貢支払いよりも、運びやすい銅銭での支払いを在地側から要求したために代銭納が進んだ、と解釈することもできる(佐々木銀弥『中世商品流通史の研究』)。その場合、地方での商品経済の発達→定期市の増加→年貢の銭納化、という因果関係を想定することになる。しかし、川戸貴史が着目したように、一五世紀に入ると、銭納入を現物納入に代えるよう逆の要求を荘園側がする事例が現れる(川戸貴史『戦国期の貨幣と経済』)。もしこの一三―一四世紀の変化について、商品経済の発達からはじまる因果関係が有意であるなら、一五世紀については、商品経済が停滞したから現物納に戻った、という逆の因果関係を想定しないといけなくなってしまう。

何を指しているのか不明瞭な「商品経済の発達」などに還元させる思考をひとまずおいて、

表5　定期市と代銭納の出現

年	定期市	代銭納
1201-1225	4	0
1226-1250	3	6
1251-1275	10	9
1276-1300	8	27
1301-1325	9	80
1326-1350	24	41
1351-1375	14	30
1376-1400	12	25

出典：(定期市)豊田武『中世日本商業史の研究』岩波書店，1952年，112-118頁．(代銭納)佐々木銀弥『中世商品流通史の研究』法政大学出版局，1972年，352-362頁．

残されているデータを観察するなら、最初に増加するのは梵鐘や金銅仏といった銅器物の鋳造数であり、それにつづくのが年貢の銭納化、そして定期市の新設がそれを追う、という関係である。新たな定期市についての記録は遅れがちになるだろうことは留意すべきであるが、三つの趨勢の中央値は、銅器物鋳造（中国銅銭輸入）の増加→年貢の銭納化→定期市の新設、の順に起こっていることを示している。取引の増加が貨幣の需要を増加させる、という場合もたしかにあるのだが、人類の歴史においては、通貨供給の変化が市場を勃興させるといういわば逆の因果を示すこともけっして稀ではない。そのことについては第六章であらためてふれることにしたい。

素材なのか貨幣なのか

禅定寺の梵鐘再鋳造の時のように、銅銭は素材として溶かされると同時に支払いのための貨幣としても使われていたのであるから、当時の日本列島に流入した中国銅銭を素材なのか貨幣なのかの二者択一で考えてしまうのは現実を無視することである。ただしこの時期、原料需要と取引需要のどちらが強く作用して中国銅銭を日本列島内に呼び込んだのかを考察することは無駄ではない。一五世紀以降の時代における銅銭の使用実態や中国銅銭輸入との対比が鮮明になるからである。

参考になるのは物価の動向である。この時期の日本列島における一貫性のある物価指標を見つけることは容易でないが、若狭の太良荘《たらのしょう》に残された米価は興味深い動向を示している。これまで中国銅銭の列島への流入の代理指標としてきた梵鐘の年次別鋳造数（表2）は一三世紀後半から一四世紀前半にかけて増加しつづけている。また年貢の代銭納も一四世紀前半に進展している。京都在住の荘園領主たちの床下には、地方から納入される銅銭が蓄積されていたことであろう。しかし、京都からさほど遠くない若狭のこの荘園の米価は石当たり銅銭建て一〇三一文（一三〇一年）から四七七文（一三一九年）へと、上がるどころかむしろ下がっている。サンプルははるかに少ないが、安芸の荘園である新勅旨田に残る米価も、一二九一年には一〇九九文であったのに一三四一年には四八一文となっているから、太良荘の趨勢を孤立した事例とみなすことはできないであろう。この一四世紀前半、山城で記録が残されている銭建ての土地売買価格も価格をやはり下げている。しかし重要なことに、同じ時期、同じ山城での米建ての土地売買価格は下降していない（松延康隆「銭と貨幣の観念」）。このことは、土地価格などが下がっていたのではなく、銅銭で建てる価値指標がことさらに低くなっていたことを意味する。つまり、銅銭が他の取引手段に対して高く評価されていたのである。

同じ時期、山城での梵鐘鋳造数は増加している（表2）。また京都の金融業者である土倉《どそう》が店を構えていたとされる七条町・八条院町の発掘調査は、職人たちに和鏡を作らせていたらしい遺構を見つけている（東洋一「渡来銭と真土」）。同地域では一三世紀後半から一四世紀前半にかけて鋳造産業が最も発達したとされるが、銅銭鋳造のための鋳型は出土しているものの数は少ないとされる（山本雅和「平安京八条院町と銭貨鋳型」）。銅銭を運用して利益を得ていたはずの土倉がそれらを溶かして鏡製造をさせていたのだとしたら、当時は素材としての銅銭の方が貨幣としての銅銭よりももうかっていたということを何よりも物語っているといえよう。先に紹介した一二九八年の後伏見天皇即位式の費用における銅の高値は、けっして孤立した事例ではなく、一三世紀末から一四世紀にかけての日本列島における銅需要の高さを端的に示すものだったのである。この時期においては、貨幣需要よりも金属素材需要の方がより強く中国銅銭を呼び込む要因となっていたとみなしてよかろう。

函館志海苔の埋蔵銭

日本列島の各地で、一三世紀から一四世紀にかけての時期に残置されたと思われる大型の甕に入れられた大量の中国銅銭が発見されてきた。その最後にして最大のものが、一九六八年に函館近郊の志海苔《しのり》で道路改良工事中に見つかった大型の三つの銭甕である。越前古窯《えちぜんこよう》とされる甕の様式などからして、一四〇〇年前後に残置されたと考えられている（田原良信「再考　志海苔古銭と志苔館」）。なんといっても三七万四四三五枚（総重量約一・五トン）という出土数が列島内の他の埋蔵銭を圧倒している。発見された場所は現在の志海苔漁港からさほど離れていない。現地は銭亀沢《ぜにがめざわ》と呼ばれていた地域で、もともと古銭がよく掘り出されたと伝えられる。当時の列島内海上交易の北端であったろう北海道南端の地に、かくも大量の銅銭が埋められたのはなぜだろうか。帆船の航行を安定させるバラストとしての役目ももって運ばれてきた銭甕が、重量がある別の帰り荷を得たため荷揚げされ埋められた、などとも考えられるが想像の域を出ない。

その銭銘の分布は、明の洪武銭を最新とするが、北宋の元豊銭や熙寧銭が多いなど、表1に示した一二世紀末洛陽の埋蔵銭などと近似した標準的なものである。重要なのは、銭銘の不明瞭なやや軽量の銭が一万二九〇一枚含まれていることである。これらの銭銘不明銭には、重量三グラムを中心として分布しているものと二・二グラムを中心として分布しているものの少なくとも二つの群があるように思われる。つまり出所が別のものである可能性が高いということになる。全体の出土数が多いのでたかだか三・五％にすぎないのだが、もし埋蔵する者がまっとうな見かけの銅銭のみを選ぼうとしていたのなら、一万を超えるこれらの銭銘不明銭を見逃すとは考えられない。

さらに重要なのは、総重量七キロに及ぶ割れ銭が甕の中に入れられていたことである。通常中国銅銭は四つの文字を鋳込んでいるが、一字分を欠いた四分の三ほどのもの、二字分を欠いた半分ほどのものなど大小さまざまなものが含まれている。六〇〇年近く埋もれていたのであるから、自重で銅銭の一部が割れてしまった可能性はある。しかし、なかには割れたというよりは切ったと見える直線状の割れ口を持ったものもあり、これらの割れ銭が埋蔵後に破損したとみなすのは無理がある。つまり、この大甕には見栄えの良いいわゆる「精銭」だけではなく、銭銘不明瞭な銭やさらには破損した銭も一緒に埋められていたことになる。

なお、個々の破片がどのような様態なのかの情報はないものの、表1の洛陽の埋蔵銭は総重量三五四キロあまりであるが、その中に七・五キロほどの割れ銭の類が含まれているという。やはり、銭として機能しなくなったものも含めて保蔵しておいた、と考えてよかろう。

この志海苔埋蔵銭は、日本列島における銅銭使用について貴重な知見を提供してくれるので、以下でも参照軸としてたびたびとりあげよう。次章で述べるように、一五世紀後半から一六世紀にかけて日本列島各地で銅銭を撰ぶ、いわゆる「撰銭《えりぜに》」の慣行が大きな問題となってくる。銅銭の軽重だけではなく、その見栄えや鋳込まれている銭銘が何か、ということが重要になる。しかも、日本列島の中だけではなく、東・南シナ海をまたいで東アジア規模で共有される現象として現れてくる。しかし、この志海苔の出土銭が明らかにしているように、一四世紀にすでに軽量で見栄えも悪い銅銭は存在していたにもかかわらず、銅銭を撰ぶ、ということがこの時期にことさら問題となったという事例は伝わっていない。志海苔の三つの大甕に入れられていた銅銭は、一四世紀までの人々が銅銭の見栄えや銭銘をさして気にかけていなかったことを物語ってくれている。それもそのはず、貨幣というよりもむしろ金属素材として重宝されていたのなら、銭銘不明銭も、割れ銭も、一緒に蓄えておかれて、何の不思議があろう。

第三章　撰ばれる銅銭——一五世紀以降

公式通貨消滅の一五世紀中国

まず表6を見ていただきたい。四川のアルミニウム工場跡で発見された一九世紀末に残置されたと考えられる埋蔵銭の時代別構成である。第二章でふれた北宋時代の一一世紀に次ぐ規模の銅銭の大量鋳造がおこなわれた一八世紀の乾隆年間(一七三六—一七九五)を経ているから、清の銭が大部分を占める。紙幣を導入し、短期間の例外を除いて銅銭鋳造をしなかった元の銭がないのは当然の結果である。注目すべきは、宋銭と比べて時代がより近い明の銭の少なさである。しかも出土している一一枚の明銭はすべて万暦《ばんれき》年間(一五七三—一六二〇)以降のものである。この構成比は、一三世紀末から一六世紀末までのおよそ三世紀の間、後世に残存するほどの量の銅銭を中国政府が鋳造しなかったことを反映している。

表6　清代四川の埋蔵銭（枚）

唐（618–907年）	7
宋（960–1279年）	30
明（1368–1644年）	11
清（1644–1912年）	16,512
海外	13

出典：李俊・陳亜軍「四川阿壩鋁廠清代銭幣窖蔵清庫簡報」『中国銭幣』2015-1，2015年，33-39頁．

一三六八年に元を打倒して成立した明は、元が廃絶した銅銭鋳造をすぐに再開した。当初は一文以外に二文、三文、五文、一〇文の高額面の洪武銭（洪武通宝）を鋳造したが、一三七一年にそれらをやめ一文額面のものだけにする（市古尚三『明代貨幣史考』）。翌年には二二万余貫という一四―一五世紀においては最大規模の鋳造をおこなうが、おそらく古銭など既存銅ストックをすぐにくいつぶしてしまったのであろう、本格的な鋳造は長くはつづかなかった。

一方で明が頼ったのは元と同じく政府紙幣、宝鈔《ほうしょう》であった。しかし制度上の共通性とは裏腹に、機能的には明の政府紙幣発行は元のそれとはかなり異なっていた。事実上数年で末端の行用庫に旧紙幣が回収されるようにした元と違い、明の紙幣制度には回収の方策が施されていなかった。帝国一律に有効期限のない紙幣を発行した、といえば聞こえはよいが、政府から末端に流されるだけで、だぶついた紙幣を回収して受領性を維持するという機能が用意されていなかった。表向きには倒鈔法《とうしょうほう》という、手数料をとって旧紙幣を新紙幣に交換する制度を元にならって創設している。しかし実態は大きく異なった。出土した元の中統鈔では、『千字文』から選んだ二文字が押印されるシステムになっていたことはすでに述べた。第二章ではふれなかったが、これは南宋の会子でもほぼ同じであったことが、現存するその印版からわかっている。通し番号をつけて真偽の確認のための工夫をしたのは、大量に回収することを前提にしていたからである。しかし明の紙幣の券面にはそもそものような通し番号を入れる欄がない(前田直典『元朝史の研究』)。回収を通して受領性を維持するというシステムがもともと十分には組み込まれていなかったのである。

なお、回収するシステムが紙幣の受領性維持にとって肝要であるということは、日本近世の銀札の事例がやはり証明している。朝尾直弘が紹介した、一七世紀初頭の堺の豪商木地屋《きじや》が発行した一匁《もんめ》銀札は六九〇枚が現存しているが、それらはすべて木地屋に回収され使用済みとして裁断されたものばかりである(朝尾直弘「木地屋銀札について」)。銀札については第六章でふれる。

一三七四年、明は政府紙幣の発行を開始するや、その翌年流通を促進させるため人々が金銀を取引に使用するのを禁止する。さらに一三八九年、銅銭の代替を企図して一〇文から五〇文の小額面紙幣の発行もはじめる。その果てに一三九三年に鋳造局を廃止し、翌年ついには銅銭の使用を禁止するにいたる。銅銭が存在するがゆえに紙幣の流通が滞るから禁止する、という元と同じ方針なのであるが、元のように紙幣の受領性を維持することはできなかった。この時すでに一貫(一〇〇〇文)の額面の宝鈔の実勢相場は一六〇文に落ちているが、それはさらなる下落のはじまりにすぎなかった(市古尚三『明代貨幣史考』)。

長城と大運河沿いに駐屯する兵士たちには例外的に銅銭を使用させたようであるが(『万暦会計録』巻四一)、末端での相場が落ちていく中でも、事実上紙幣のみを通貨として流通させようとする明の方針は継続された。永楽帝《えいらくてい》(在位一四〇二—一四二四)治下の一四〇七年には宝鈔の受領をうながすため、一人毎月一斤の塩を一貫の紙幣で購入させる法令を出すなどしている。明政府は上述の一三七五年につづき、一三七九年、一四〇三年、一四二五年、一四二六年、一四三四年と頻繁に金銀の貨幣としての使用を禁止する法令を出している(市古尚三『明代貨幣史考』)。宣徳帝《せんとくてい》(在位一四二五—一四三五)にいたっては、銀は無用であるとして銀鉱の開発も禁止している(『続文献通考』巻二三)。

実勢相場が落ちていっても、宝鈔が全く取引の現場で使用されていなかったというわけではない。安徽の徽州《きしゅう》に残る土地契約文書は、一四三〇年代から銀建て一辺倒になるが、サンプルが少ないものの、それ以前は元の中統鈔につづき明代初期は紙幣建てでの取引がなされていたことを示す。福建の南平《なんぺい》に残る土地契約文書も一四〇一年から一四三一年にかけての三件はやはり紙幣建てである(福建省銭幣学会編『福建貨幣史略』)。これらの事例は、明の政府紙幣の受領性がエンドユーザーの間で高かったことを示すのではなく、むしろ金銀も銅銭も使用を禁止した明の廃貨政策が影響して他の選択肢がなかったがため起こった現象であろう。ただし、一四〇八年の徽州の土地売買ではわざわざ中統鈔で二〇貫と値をつけている(劉和恵・張愛琴「明代徽州田契研究」)。実は、明の宝鈔ではなく、前代からの中統鈔流通がつづいていた可能性があることも留意しておきたい。

建前上、明政府の支出における宝鈔使用は一六世紀までつづくが、遅くとも一五世紀末には一貫の紙幣は取引の現場において銅銭一文にもならなくなり、流通から消えてしまう。一方で、一四三六年から一五〇三年まで明は公式には銅銭を鋳造していない。銅銭は発行しないし紙幣は通用しない、という状況が一世紀近くつづくのである。中国王朝史上最も長期の官製通貨不在時代が明代中期なのであった。そうしたなか、江西・湖広では米と布が、山西・陝西では皮革が貨幣として使われている、という状況になる(『明実録』孝宗巻一九七)。もっとも、この基層での多様な貨幣使用は元代を引き継いだともいえる。元との大きな違いは、上層で共通していた紙幣流通が消失してしまったことである。大陸での長期間の公式通貨消滅は周辺の社会にも大きな影響を及ぼす。

日本列島での硫化銅鉱開発

第二章で明らかにしたように、日本列島内での一二世紀から一四世紀にかけての梵鐘鋳造の増加は、中国大陸における銅銭の過低評価(南宋)そして廃貨政策(元)により低コストになった膨大な古銭ストックが日本に輸入されたことを傍証するものであった。梵鐘には鋳造年のほかに鋳造者の名前が鋳込まれているものもある。興味深いことに、一二世紀後半から一三世紀にかけての有銘鐘の八割は河内系の物部《もののべ》姓鋳物師によるものである。この高い割合は、彼らが古銭を素材として溶解して青銅製梵鐘を鋳造する技術に長けていたのかもしれないと想像させるに足る。しかし現存する河内系鋳物師の有銘鐘は一三六四年の播磨の酒見寺《さがみじ》(現兵庫県加西市)のものが最後となっている(神崎勝『冶金考古学概論』)。中国古銭から梵鐘を鋳るという技術がすでに特定の集団を超えて伝播してしまったのかもしれないが、一四世紀末には古銭を素材とした銅製仏具鋳造という風潮にも終わりが来たのかもしれない。古銭の供給元であった中国大陸では銅銭使用を禁止していた元が滅び、既述のように一三六八年、明政府は銅銭鋳造を再開していた。洪武帝は対外貿易を禁止する海禁政策をとったが、その一つの要因は、銅銭流出を止めるためであったとされる(斯波義信『華僑』)。

日本列島の古代の銅山開発は、第二章でふれたように、製錬の容易な酸化銅鉱によるものであった。埋蔵量が限られた酸化銅の鉱脈はやがて掘りつくされ、長登銅山も一〇世紀半ばまでには銅生産をやめていたようである。その後平安・鎌倉を通じて小規模な銅山開発があったのみで、日本列島内での本格的な銅生産は復活しないままであった。しかし、その長登銅山跡の遺跡調査は、一四〇〇年頃までには硫化銅の製錬がはじまっていたことを明らかにした。銅鉱

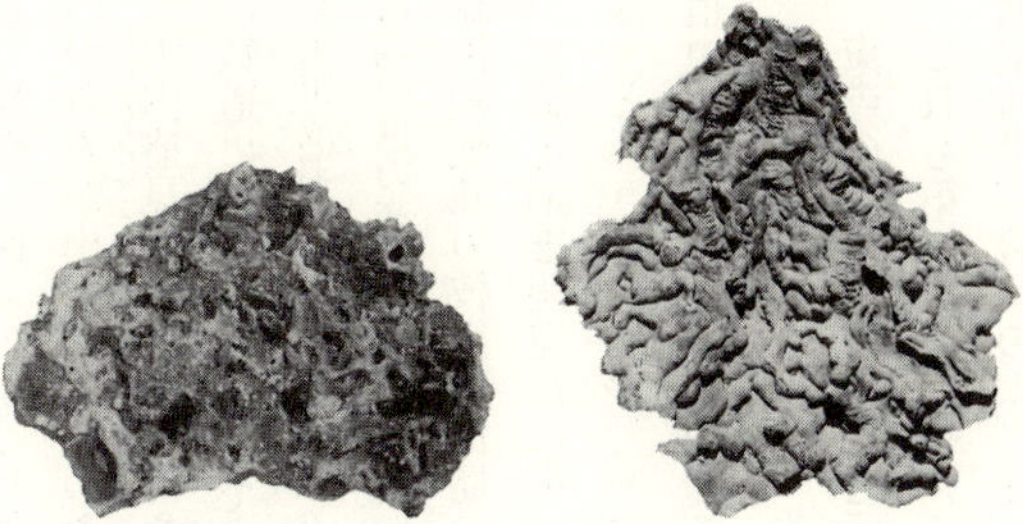

図 4　長登銅山跡の塊状からみ(左)と流状からみ(右)．酸化銅製錬の残滓
出典：美祢市長登銅山文化交流館編『長登銅山文化交流館展示図録』改訂版，2019 年．美祢市教育委員会提供

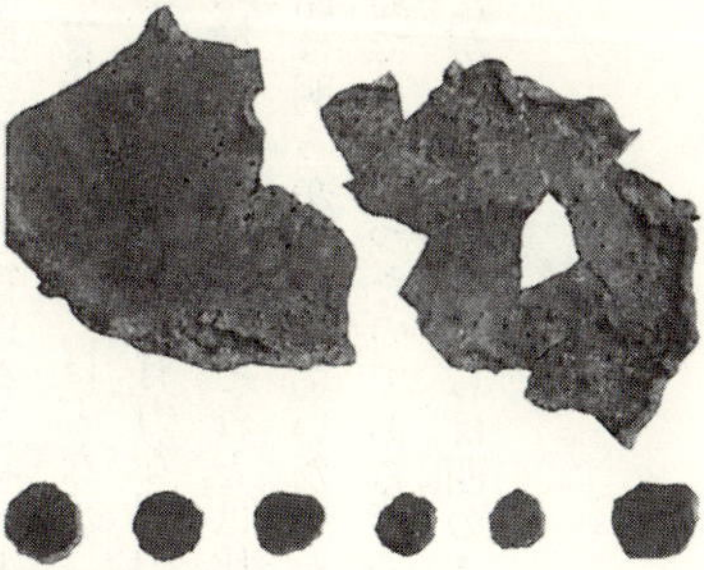

図 5　長登銅山跡の板状からみ(上)とコイン状からみ(下)．硫化銅製錬の残滓
出典：図 4 に同じ

石を溶解させると大量の不純物が浮いてくるのだが、それらを「からみ」と呼んだ。酸化銅鉱石の場合、図4のように塊状や流状のからみが残されるのだが、図5のように板状やコイン状のからみが出現しはじめたのは硫化銅鉱石を製錬したことを示す。一四〇四年に長門を支配する大内盛見《おおうちもりはる》が禅寺国清寺《こくしょうじ》を建てて、同寺に長登銅山の管理をさせたというから、すでに銅生産は軌道に乗っていたのであろう（池田善文『長登銅山跡』）。ほどなく、備中の吉岡鉱山（現岡山県高梁市成羽町）、石見の銅《どう》ヶ丸《まる》鉱山（現島根県邑智郡美郷町）と有力な銅山が登場しはじめる（笹本正治『中世の音・近世の音』）。硫化銅鉱の埋蔵量は酸化銅鉱のそれとは比較にならないほど大きい。硫化銅製錬の技術の伝播のいきさつや経路は明らかになっていないが、一一世紀に中国で起こった硫化銅鉱開発が三世紀遅れて日本列島でも起こったのである。一四世紀までの日本は古銭輸入という形をとった銅の輸入国であったが、一五世紀からは西のスウェーデンと並ぶ世界屈指の銅輸出国へと変貌する。

東寺の「米価」は何を示すのか

これも第二章で述べたように、銅の素材としての古銭需要が高まっていたと考えられる一四世紀前半、若狭の太良荘に記録された米価は下落傾向であった。一五世紀初めからの硫化銅製錬開始は列島内での銅供給を増加させたと推測されるが、はたして銅の相場はどうなっていたのであろうか。表7は、京都の東寺に関連する文書に残された、東寺あてに荘園からもたらされる米の銭建て価格の推移を示したものである。くしくも、列島内で硫化銅製錬がはじまったと思われる一五世紀初めから、銭建て米価は上がりはじめている。米に対して銅銭が安くなりはじめたということになる。はっきりとした傾向は一五世紀前半に一石＝銅銭一〇〇〇文前後に高止まりしていることである。特にこの半世紀を通じて米の不作がつづいたというようなことは知られていないし、また一五世紀の初めから一気に銅銭の供給が増えたという変化もありそうにない。第二章で考察したように、一四世紀前半の太良荘の銭建て米価下落が、米の需要が落ち込んだのではなく銅の素材としての銅銭需要が強くなったことを反映していたのだとしたら、一五世紀前半の銭建て米価の高止まりは、米そのものの相場の強さではなく銅銭の方の

表7　東寺関連米価の推移

年	文（1石あたり）
1361-1370	845
1371-1380	926
1381-1390	738
1391-1400	753
1401-1410	987
1411-1420	970
1421-1430	1111
1431-1440	1113
1441-1450	1007
1451-1460	1018
1461-1470	833
1471-1480	687
1481-1490	723
1491-1500	661
1501-1510	642
1511-1520	612
1521-1530	543
1531-1540	574

出典：百瀬今朝雄「室町時代における米価表——東寺関係の場合」『史学雑誌』66-1, 1957年, 64-68頁. 各10年の平均値. 季節偏差を少なくするため各年後半の値のみ採用.

相場の弱さを示しているとみなすことができる。その条件の下では、年貢を東寺のような京都の荘園領主に銅銭に代えて納入しつづけるのは地元の負担を増加させることでもある。すでにふれたように、一五世紀半ばに銭納を現物納に戻す動きが生じてくるのも自然な成り行きであったといえる。

もう一つのこれもはっきりとした傾向は、一四六〇年代以降になると今度は銭建て米価が低落しつづけることである。一〇〇年の間にほぼ半分の額にまで下がっている。現代の感覚でもって銅銭が貨幣として中立的な価値尺度を提供していると思い込んでいると、この表は、一五世紀前半には米価が高止まりしていたが、一五世紀後半から低落をつづけデフレ傾向にあったということを示唆しているなどと思えてしまう。しかし、すでに明らかにしてきたように、古代から中世を通して米の方も貨幣として機能していた。同時代の人々の営為の実態から見ると、銅銭の方こそが、米で相場を建てられているとみなすべき場合もある。表7における一四六〇年代からの銭建て米価の下落は、米の相場が弱くなっているのではなく、米で計られる銅銭の方の相場が強くなっていることを示しているのかもしれない。一四世紀前半の太良荘と同じ現象であるが、その背景は異なっていたと考えられる。

注意すべきは、「精銭」と呼ばれる見栄えの良い銅銭とそうではない銅銭を差別化する撰銭の慣行がこの時期から広がっていくのだが、この東寺に残された米との交換比率は、銅銭一般ではなく一貫して精銭でのものだったことである。一五世紀後半から一六世紀にかけて、精銭を米に対して割高に評価する傾向があったということになる。では一五世紀半ばに何があったのだろうか。

兵士と銅銭需要

政府紙幣流通のため銅銭使用の禁止までおこなった明政府だが、そうした禁令を発布した時でさえ、大運河沿いと、モンゴル帝国崩壊後も北方に勢力を持つモンゴルに対する防衛線を守る兵士たちには、銅銭の使用を事実上容認していた(『万暦会計録』巻四一)。派遣された土地で防衛の任にあたる兵士たちへの必需品供給を政府が完全に差配することが不可能である以上、生活のための日用品を現地で購買するのに都合のよい銅銭の使用を認めざるをえなかったのである。しかし明軍の地理的配置は大きく北に偏っていたから、銅銭への需要にも大きな地理的偏差が現れた。もっとも、これは明あるいは中国王朝の場合に限ったことではない。ローマ帝国の遺構でも辺境駐屯地跡から銅貨が多く見つかっているように、辺境派遣兵士のための小額通貨供給というのはより普遍的な現象なのであるが。

兵士たちの銅銭使用は認めていても、当初の明政府は軍や官僚に穀物を直接供給することを原則にしていて、膨大な穀物が江南などから調達されていた。しかし原則通りに運用しつづけることはできず、一四三六年に江南の地方長官であった周沈《しゅうちん》の上奏により、江南の官田からの北京の官僚たち向けの糧米を銀一両＝米四石の比率にて銀で納入することを認める。いわゆる金花銀《きんかぎん》と呼ばれたもので、これを皮切りに現物納から銀納への変化が広がっていく。

歳入が銀での納入に変わっていくと、歳出の方も銀での支払いに変わっていく。前線の兵士たちへの給料も銀で支払われることになった。一四五三年から一四五四年にかけての遣明船で北京を訪れた禅僧の笑雲《しょううん》は、江南から輸送された貢銀三〇〇万両のうち三〇万両が一〇輛の車に載せられて前線兵士の守備する居庸関《きょようかん》へ向けて運ばれていたことを書き記している（『笑雲入明記』）。はたして銀を支給された兵士たちは、滞りなく穀物など必需品に換えることができたのであろうか。後の万暦年間（一五七三―一六二〇）のころの史料となるが、北京では兵士たちが銀で給料をもらっても生活必需品を買うためにはまず銭に換えないといけないが、市中の銅銭不足を口実に両替商たちに安い相場での両替を強いられ困っている、という状況になっていた（『万暦会計録』巻四一）。

さて、同じ一四五三年の遣明船の八号船をまかせられ中国に渡った楠葉西忍《くすばさいにん》（一三九五―一四八六）は後の回顧録において、北京の銅銭相場は銀一両＝銅銭一〇〇〇文だが、南京では銀一両＝銅銭二〇〇〇文、さらには寧波では銀一両＝銅銭三〇〇〇文であった、と述べている（『唐船日記』）。この話が当時の事実を反映しているとすると、数十万の兵士が長城などに沿って展開している北方では、江南よりもはるかに強く銅銭が需要されていたことになる。時代は下り一五八三年のことになるが、江南の昆山《こんざん》出身の李同芳《りどうほう》が北京を訪れようとした時、昆山では銀四分相当の銅銭一〇〇枚が、北京では銀一銭三分相当だと伝えられている(『視履類編』巻六。銀一両は一〇銭、一銭は一〇分)。また一六一八年には、明政府は北京での銅銭相場を銀一両=六〇〇文、南京では銀一両=一二〇〇文に設定しようとしている(『明実録』神宗巻四一一)。つまり万暦期において、北京の銅銭相場はやはり江南の二倍から三倍の高さを見せていた。これらの事例が偶然でないかぎり、明朝治下における銅銭相場の北貴南賤は構造的なものであったとみなすべきであろう。楠葉西忍の観察は、この地理的偏差がすでに一五世紀半ばに出現していたことを知らせてくれる貴重な証言であった。

繰り返すが、一五世紀を通じて明政府はエンドユーザーにいきわたるような本格的な銅銭供給を一度もしていない。基層ではモザイク状に各地ばらばらに独自の現地通貨システムを自律的に作り上げていた。一方で明軍の配置は銅銭の需要を強く北に偏在させていた。もし南方で銅銭を生産して北方へ搬送できる条件があれば、輸送コストを十分に補ってあまりあるほどの利益をもたらすに足る銅銭相場の格差が、一五世紀半ばに存在していた。

日本銅の登場

一一世紀に硫化銅鉱の開発で膨大な銅産を得た後、中国では大規模な銅産は起こらず、一五世紀半ばにいたるまで銅不足の状況にあった。その銅不足の大陸に対して原銅を供給しはじめたのが、三世紀遅れで硫化銅鉱開発をはじめた日本である。上述の遣明船が搭載した貨物の中で最も重要なものが粗銅である。楠葉西忍の回顧によれば、西日本にて銅銭一〇貫で購入した一駄の粗銅を寧波に持ち込むと八斤から一〇斤の絹を買うことができ、その絹を日本に持ち帰ると四〇貫から五〇貫で売ることができたという(脇田晴子「物価より見た日明貿易の性格」)。日本銅は一五世紀半ばの中国で大きな市場を見つけたのである。

さて、一駄が一〇〇斤(約六〇キロ)であるとされているから(『唐船日記』)、この時の粗銅の価格は、一貫=一〇〇〇文として、キロ当たり一六七文前後であったということになる。この価格を第二章に紹介した一二九八年、後伏見天皇の即位式の際のキロ当たり九三〇文という価格と比べると、六分の一ほどにまで下落したことになる。粗銅と熟銅の差を考慮しないといけないが、硫化銅製錬によって列島内の銅価格が大きく下落したことは疑いようがない。三世紀ぶりに東アジアに登場した安価で大量の銅は、生産地の日本列島内のみならずシナ海周辺の各地に大きな影響をもたらすことになる。

なお、日本銅の輸出が一四五〇年代より前にすでにはじまっていたことは間違いない。一四四七年、朝鮮王朝が日本からの銅鉄の私貿易を禁じたため、翌一四四八年大内氏が使者を送って高い価格が見込まれる私貿易を要請している。朝鮮側の公定価格による買い上げでは損失が生じたため、一四五七年には銅の滞貨が二万一二〇〇斤にのぼったとされる（小葉田淳「中世に於ける日鮮銅貿易の研究」）。

模造銭ラッシュ

一四五三年の遣明船は、一五万四五〇〇斤（およそ九二トン）の銅を寧波に持ち込んだと記されている。それは三〇〇〇万枚すなわち三万貫の銅銭を鋳造するに足る量である。明政府は入貢の対価として「新銭三千万（宣徳分）」を杭州で給したと笑雲は記しており、あたかも朝貢した銅をもって鋳造された公式銅銭を受領したかのごとくでもある（『笑雲入明記』）。なお「宣徳分」とは宣徳通宝を給したことであるのかもしれないが、宣徳八年（一四三三）の入貢分への対価という意味である可能性もある。その場合、この「新銭」が特定の銭銘を有していたとすると、永楽通宝であったろう。

しかし、上述の九二トンの銅は公式の朝貢の記録であり、それとは別に日本銅がもたらされていたことを排除しない。注目すべきは、明政府が、この一四五三年の遣明船が持ち込んだ貨物について買取価格の改定をおこない、銅を当時の市場相場である一斤＝銀六分で買い取った、と『明実録』(英宗巻二三六)に記されていることである。このことは重要である。一四七六年になって、私鋳が盛んになったのは銅の原料価格が低くなり銅銭私鋳が原価の二倍の利益をもたらすようになったからである、との明政府の工部の見解が示されるが、そこで例示されていた銅価格が、上述の日本銅の価格とほぼ一致するからである(『皇明条法事類纂』巻四二)。はたして、遣明船到着三年後の一四五六年、江南で模造されたさまざまな様態の永楽銭が北京に流入している、とのことがすでに問題となっている(『明実録』英宗巻二六八)。つまり、遣明船が安価な日本銅を持ち込んだことが、銅銭相場の高い北京に向けた江南での銅銭私鋳を誘発した、とみなして間違いなかろう。

北京では永楽銭のみが流通していた、という記述がもともと『明実録』(英宗巻二六八)にあるから、銅銭模造業者たちがことさらに永楽銭を模造したのは、銅銭相場の高い北京向けに銭種を選んだ結果であろう。逆にいうと、北京向けに限らなければ他の銭種の銅銭も模造したということである。遅くとも一四六五年には、河北の阜平《ふへい》県の知事であった趙忠《ちょうちゅう》が、「貪利之徒」たちが取引に際して「大様、小様、双辺、炒版、円緑」などと呼称して分別し銅銭を撰んで使用するようになり、洪武、永楽、宣徳の各銭が流通しなくなっているから、歴代の銭と洪武、永楽、宣徳の各銭を枚数のとおりに文で数えて、つまり三枚なら三文として、選別を禁じるよう上奏している。さらに首都の治安を担当する錦衣衛《きんいえい》の史恕《しじょ》が銅銭を撰ぶ弊害について糾弾しているが、彼は撰銭の対象とされている特定の銭種として洪武、永楽、宣徳の各明銭に加えて唐の開元銭を挙げている。後で紹介する南京での銅銭流通実態からおしはかると、開元通宝がすでに模造されていたに違いない。史料によると、「下脚・新銭」と分類された銅銭は三枚で一文とされ、「一色、双辺、大様」とされた銅銭のみ一枚を一文として数えるようになったものだから、人々は銅銭での売買を忌避して、小額の取引をする庶民たちは柴と米で支払いをすませ、店舗を構えて大口取引に従事する者は銀で計って取引をする状態になったという(『皇明条法事類纂』巻一三)。

一四七四年から一四七八年の間に、四川では総督の張瓚《ちょうさん》に対して、商人を江南に派遣して四川で当時流通していた低品位銀数千両を持ち込ませ、江南で流通していた銅銭と交換するよう求める建議がなされている。建議そのものは実現されなかったようであるが、当時江南では豊富に銅銭を得ることができると認識されていたことを示す(『四川通志』巻一五)。その江南では、成化《せいか》年間(一四六五―一四八七)から綿製品の交易の発達とともに定期市が出現するケースが現れてくる(楊茜「明代中後期江南社会変遷与市鎮権勢更迭」)。銅銭模造業者はそうした増大する取引需要に対応した通貨を供給することで、基層市場の拡大に寄与したことであろう。

銅銭の色が決め手——古銭と新銭

これ以降、ことさらに「古銭」と区別された「新銭」というものが、低く評価されながらも市場で流通する銅銭の呼称としてしきりと現れるようになる。それら新銭などをとり除いて、「一色、双辺、大様」とみなされたものを一枚一文としたというのだが、取引者たちはどのような外見のものを撰んで手許に残そうとしたのであろうか。「大様」は文字通り開元通宝以来の規格の大きさを持っている銭を言うのであろう。「双辺」は、周郭、すなわち円周部と中央の正方穴の縁が、裏表両面にはっきり鋳込まれているものを言うのかもしれない。「洗背」という裏面に縁がない銅銭を示すと思われる表現があるからである。ともかく形に関わる基準であろう。それでは「一色」とは何か。銭面の色に関わる基準であろうが、どのようなことなのであろう。一五八五年のことになるが、日本を訪れた宣教師のルイス・フロイスが日本での銅銭の受領について、「古いものであること、特定の色、特定の刻印のついているものでなければならない」と記している(ルイス・フロイス『ヨーロッパ文化と日本文化』)。

一六世紀半ばに地方官を歴任した董穀《とうこく》は、弘治《こうち》年間(一四八八—一五〇五)までは「好銭」が流通していたものの、撰銭がはげしくおこなわれ、青色のものを上物としていた、と述べている(「板児」『碧里雑存』)。すでに大田由紀夫が着目したように、古銭の緑青色が決め手であった(大田由紀夫『銭躍る東シナ海』)。時代が下って一七五二年、清の乾隆帝の時代、乾隆通宝の大量鋳造が本格化する直前、銅銭相場の上昇に対処しようとして、清は富家たちが保蔵しているであろう銅銭を銀で買い取る方策を実施する。五か月後、時の直隷《ちょくれい》総督が、買い取り策が奏功して保蔵されている銅銭がもはや少なくなっている証拠として、青々とした順治《じゅんち》(一六四四―一六六一)銭・康熙《こうき》(一六六二―一七二二)銭が集められはじめている、と上奏している(『宮中檔乾隆朝奏摺』四輯)。事の真偽は別として、古い銅銭は緑青を生じて青色を帯びている、という見識が共有されていたのである。逆にいうと、時代の近い雍正《ようせい》(一七二三―一七三五)や乾隆(一七三五―一七九五)初期に鋳造されて流通している銅銭は緑青で覆われてはおらず黄銅色であった、ということでもある。古来銅銭は青蚨《せいふ》(カゲロウ)にたとえられていた。清の銭は銅と亜鉛の合金の真鍮製であり(第五章参照)、一五世紀までの銅・鉛・錫の合金である青銅製銅銭とは色も異なるが、この時を経た銅銭が緑青色を帯びるという認識は長く共有されていたに違いない。

一五世紀半ばの東アジアにおいて存在した銅銭のほとんどは、硫化銅鉱を開発した北宋時代に鋳造されたものであったはずである。明の洪武銭鋳造は、おそらく元の廃貨政策の結果ためられた宋銭ストックを原料としたもので、だからこそ既述のように、洪武帝は海禁政策をとって古銭流出を止めようとしたのだが、新たな銅山開発に依拠したものではないので、長続きはしなかった。永楽銭は北京など局地的に流通の頻度が高い地域があったかもしれないが、全体として微々たるものであった。一方で二〇〇〇億枚にものぼる宋銭はこの時期には例外なく、青々とした緑青に覆われていたはずである。したがって、一五世紀半ばの東アジアに生きる人々にとって、銅銭とは緑青色をしたものであったに違いない。

ほぼ二〇〇年ものあいだ新規の銅産がほとんどなかったその東アジアに、一五世紀前半、日本列島が銅生産の一大拠点として現れた。硫化銅製錬技術は火山が連なる列島を世界有数の銅生産地帯に変貌させたのである。一四五〇年代にはその安価な銅が中国大陸に供給されはじめ、銅銭生産に消極的な明政府をよそに、銅銭模造産業をたちまち勃興させる。しかし、条件によるものの、銅器具が緑青を帯びるようになるまでには二、三十年を要する。たとえ、大きさが開元通宝以来の規格に沿っており、銭銘や周郭も立派な模造銭であっても、できたての銅銭の色はどうしてもピカピカの黄銅色にしかならない。人々がそれらを「新銭」と呼んだのもうなずける。

第二章で紹介した志海苔埋蔵銭が示すように、一四世紀までにおいても規格より小さく銭銘不明な銅銭はすでに流通していたが、ことさらに社会を揺るがすような問題とはなっていない。後に、良い役者への誉め言葉である「倒好」という言葉をもって表現されたように、一五世紀後半に模造された新銭の多くは大きさも銭銘も申し分ない出来のものであったと考えられる。だからこそ、かえって、抜き取るか、それとも受け取るか、といった深刻な紛争を売買の現場にもたらした。一四六五年頃になって商人たちがわざわざ洪武、永楽、宣徳の各明銭と唐の開元銭を撰んで抜き取りだしたということは、それらの銭銘を鋳込んだピカピカの色をした新銭が流れ込んでいたからであろう。銅銭模造業者の立場からすれば、人々になじみのある緑青を帯びた宋銭を模造の対象とするよりは、宋銭以外の銭銘のものを模造した方が、黄銅色のものでもまだ受領される可能性があると判断したとしてもおかしくはない。すでに散在していた二〇〇〇億枚の緑青色の古銭＝宋銭と、急にまとまって流れ込みはじめた黄銅色の新銭の併存は、東アジア各地にさまざまな摩擦を引き起こす。まさしくルイス・フロイスが日本についてやがて描くように、「特定の色、特定の刻印」で人々は銭を撰びはじめた。

撰銭という問題

すでに紹介したように、一四七六年に明政府の工部は、銅銭模造業者たちが銅銭を鋳造して二倍の利益を上げているとしている。詳しい計算は略するが、それに基づくと、銅以外の素材である錫と鉛の購入費、燃料費、そして職人たちの労賃などを考慮して、銀一両相当の費用で一五〇〇文から一六〇〇文の銅銭を模造していたと想定できそうである。もしそれらを市中に銀一両あたり七五〇文か八〇〇文で売り込むことができれば、たしかに工部の推算のように彼らは二倍の利益を得る。はたして、当時北京への模造銭の流入はつづいたようで、銀一両＝八〇〇文であった銅銭相場を銀一両＝一三〇〇文まで低下させるほどになった（『皇明条法事類纂』

巻四二)。

私鋳銭の流通に否定的な立場からすると、悪質な銭の流入が銅銭相場を下落させた、という解釈になる。しかし、市中の相場がそもそもの模造費用に近くなるのは、ある意味で自然なことである。銅銭不足に不便を被ってきたエンドユーザーたちには、銅銭の流通量が増えることはけっして困ったことではなかったろう。相場の下落が推定される模造費用よりもまだ高い一三〇〇文にとどまったのは、むしろ取引の現場では銅銭需要が堅調であったことを示唆する。しかし、銀一両＝八〇〇文の相場で古銭を保持してきた者たちにとっては資産の四割減を意味するから、にわかに受け入れられることではない。廉価な日本銅流入によってすっかり素材価値よりも過高評価されていることになってしまった古銭の価値を守るため、彼らは新銭＝模造銭との差別化をしはじめる。

そうした趨勢に抗して、一四八一年一月、北京の住人何《か》通《つう》が通政使《つうせいし》司《し》の目安箱を通じて訴える。庶民は野菜売りや苦力《クーリー》をして朝から夕べまで働き、ようやく二〇―三〇文を得てなんとか一家五―七人の家族を養うに足る米や柴を手に入れ、暮らしている。ところが一四八〇年末になって街では銅銭を撰んで受け取りを拒否することが横行し、米価が高騰してしまって庶民を苦しめている。地域を監督する里老などに、撰銭する輩を当局に連行させ、洪武銭一文の受け取りを拒否した者は洪武銭一〇文を、洪武銭一〇〇文の場合は洪武銭一〇〇〇文を罰金として支払わせるようにしていただきたい、と。この密訴について成化帝の諮問を受けた戸部《こぶ》も、銭を支払う時に最近商売人たちが洪武銭や永楽銭を抜き取ったり、受け取っても数分の一に減価したりするものだから、物価を高騰させて人々を困らせている、と呼応する(『皇明条法事類纂』巻四二)。

さてここで注意しておくべきことは、訴えた市民そして諮問にこたえた戸部双方ともに、非難の焦点を、私鋳銭の流通にではなく洪武銭などを抜き取って受領しない商慣行においていたことである。だからといって、当局が私鋳銭に対して寛容であったというわけではけっしてない。その約二か月後に、戸部は新銭の鋳造や使用を禁止して、歴代の古銭と洪武・永楽・宣徳銭のみを銀一両=八〇〇文の比率で使うよう定めることを上奏し、裁可を得ている。官庫に洪武銭などをかかえる明政府としては、それら明銭を宋銭などの古銭と一括して、市中での撰銭対象からはずさせなければならなかった。

だが、何通の訴えはより具体的に、何が銅銭のエンドユーザーたちにとって至急の対策を要する問題であったのかを示してくれている。すでに述べたように一五世紀は中国史上まれに見るほど官製通貨の供給が乏しかった時代である。第一章で述べた、宋に渡った成尋が杭州で銅銭を運ぶ人夫に一人一〇〇文を支払ったことと比べてほしい。一五世紀の北京で一家の生活費が一日二〇—三〇文という叙述は、誇張があったにしても、いかに明代中期に銅銭供給が少なかったかを示している。逆にいうと、通用するかぎり、銅銭一枚の値打ちは高かった。その日のかせぎ二五文をもって米や柴を買おうとしたところ、洪武銭や永楽銭だからといってかりにそのうちの五枚を拒否されたら、消費者としてはたまったものではない。米や柴を商店に納入する生産者の方もしかり。受け取っても使えないかもしれない洪武銭や永楽銭を支払われるくらいなら、そもそも生産物をわざわざ北京市内まで持ち込まないであろう。

撰銭は通貨の流通量を減少させこそすれ増加させることはない。にもかかわらず、撰銭が米価を高騰させている、と何通は訴えた。明銭を減価させること、たとえば三枚で一文とみなすことは、明銭で支払おうとする者により多くの銭を支出させることになるから、そのことをもって物価高騰と表現した可能性はある（大田由紀夫『銭躍る東シナ海』）。しかしながら、そのように既存通貨を減価させた場合でも、文で計った通貨流通総額を減らしこそすれ増やすことはない。通貨流通総額が減っているはずなのに、戸部の方までも物価が高騰していると認識していた。考慮すべきは、上述のように、撰銭による通貨の阻滞が必需品の出回りをくじき入手をむずかしくさせた可能性である。だからこそ、生活者と政府の双方にとって由々しきこととなっていたのではなかろうか。

というのは、同様の事態が形を変えて現れているからである。一五二九年、後述するように新銭流入がより盛んになり、北京の治安をあずかる当局は新銭使用禁止の法令を出そうとする。

ところが北京の金融業者たちがそれに対抗して銭市を閉鎖したところ、物価が上昇してしまう。結局、禁令は撤廃される（濱口福寿「隆慶万暦期の銭法の新展開」）。当局の新銭禁止も、金融業者たちの市場閉鎖も、どちらも通貨の流通量を減らしこそすれ、増加させるわけがない。通貨が減ると物価が下がる、というわれわれの常識を構成してしまっている貨幣数量説の枠組みを超えて、現実には、時として通貨急減は商品の出回りをくじき、かえって物価高騰という形で必需品の入手をむずかしくさせていたのかもしれない。通貨急減が物価高騰という形で現地の人々の生活に悪影響を及ぼすという事態は、時空を超えて現れることなのであるが、この点については第六章であらためてふれることとする。

東アジアに広がる撰銭

先に一四六五年に北京と阜平県で撰銭が問題となっていたことを紹介したが、撰銭に伴う混乱はけっして北方の地域にのみ起こったことではなかったようである。一四六五年から一四六六年にかけて、南の広州でもやはり新銭の流通が急増し撰銭慣行が問題となった（『康熙広州府志』巻一〇）。ただし明銭と歴代銭の区別なく新銭の抜き取りがおこなわれたようで（後述するように、宋銭など古銭の模造もおこなわれていた）、北京方面でのようにことさらに明銭が対象となったのかどうかはさだかではない。一年で元通りになったと記しているから、この時の撰銭による騒動は短期のものであったらしい。だが、撰銭をめぐる問題はさらに南へと広がっていた。ベトナムの大越《だいえつ》国の正史である『大越史記全書』(巻一二)は、一四六四年に「銅銭を私鋳造する罪に対して主犯と共犯を区別して罰を与える」という記事を載せている。さらに五年後の一四六九年には「偽銭」で「税銭」に換えるのを禁ずる、とふたたび銅銭に関する禁令を載せる。『大越史記全書』に銅銭に関連する記事が載るのはまれなことなのだが、中国で撰銭が問題化していた一四六五年の前後に、ほぼ時を同じくするようにベトナムでも模造銭の流通が問題となっていたのである。

南方だけではない。千枝大志は、日本列島各地からの賽銭が集まる伊勢神宮に関連する文書において、一四六七年から一四八七年にかけて、ことさらに悪銭に関する叙述が増えていることを発見している(千枝大志『中近世伊勢神宮地域の貨幣と商業組織』)。さらに、引き続き一四八〇年代にかけて継起する史実を考慮すると、これらのことがけっして偶然ではなく、共時現象であったことを強く示唆する。

並行して、明銭を忌避する傾向は広まっていった。一五世紀後半の江南に生きた陸容《りくよう》(一四三六―一四九四)は、若い時には洪武銭を見かけたのに近頃は消え失せてしまっていて、出回っているのは宋の銘を有する銭ばかりだ、と記述している(『菽園雑記』巻一〇)。すでに模造宋銭が相当数流通していたに違いない。陸容は、明銭は銅として溶かされてしまったのであろうと推測しているが、もともとそう多くもなかった真正の洪武銭や永楽銭は、新銭として模造されたものとともに、中国大陸での取引の場から消え去ったのであろう。陸容より少し後に上海に生まれた陸深《りくしん》（一四七七―一五四四）になると、若い時に宋銭ばかり見たと回顧しているから、江南では模造も含めた宋銭が一五世紀末すでに支配的に流通していたとみなしてよい（『儼山外集』巻四）。

さて、上述の一四八一年の撰銭禁令の後の一四八四年に日本からの遣明使節が北京を訪れている。その遣明使節に参加した僧侶金渓梵鐸《きんけいぼんたく》の回想によれば、持参した進物を中国側が銭で買い取ったが、中国側が「新銭」で支払おうとするので日本側は「旧銭」での支払いを請願したという。第五章で述べるように、明の官庫には洪武・永楽銭がだぶついていたとされるから、橋本雄が指摘するように、この場合の「新銭」とは永楽をはじめとする明銭であったと考えてよかろう。だが、この「旧銭」たる日本でいう精銭、すなわち緑青を帯びた宋銭での受領はかなわなかったようである。というのは、一行が北京からの帰途において、食物や唐物《からもの》を買うのに日本から持ち込んだ精銭を使い果たしてしまった、と金渓が述べているからである（橋本雄『中華幻想』）。すでに江南などでは明銭忌避が広まっていたのであるから、唐物を購いたいのであれば、宋銭で支払うしかない。だとすると、一行は仕方なく相当量の明銭を日本に持ち帰ったことになる。

はたして、その翌年の一四八五年、大内政弘が日本初の撰銭禁止の令を発布する。租税である段銭《たんせん》を支払う時には銅銭一〇〇枚のうちに永楽銭や宣徳銭を二〇枚まで差し込むことを認め、また私的な売買では三〇枚までは認めるように、とした。既述の志海苔埋蔵銭の三七万枚以上のうち洪武銭はわずか一二枚しかないことにも示唆されるように、膨大な量の宋銭のストックと比べて、列島内にそもそも明銭はあったとしてもごく少量にとどまっていたはずである。そこに、一〇〇枚のうち二〇枚や三〇枚を認めるかどうかが問題となるほどの頻度で大量のピカピカの模造永楽銭が流れてきたなら、緑青を帯びた宋銭に慣れてきた列島内の商売人たちは驚いたに違いない。

ベトナムでも一四八六年にやはり「撰銭を禁止する」との記事が『大越史記全書』(巻一三)に現れ、さらに一四九七年にも同様の禁令が繰り返される。こちらには撰銭の対象になった特定の銭種に関する情報は残されていないが、広州と同様になべて黄銅色の新銭を抜き取ったのかもしれない。

興味深いことに、インドネシアやマレーシアなど東南アジアにおける沈没船の考古学的調査では、一三五二年まで大量の中国製陶磁器が発見されたのに、その後は減少し、ことに一四三〇年あたりから一四八七年までの期間ほとんど中国製陶磁器は消え去った、とされる。それが一四八七年から一五〇六年まで復活する。専門家の間では中国の年号にちなみ「弘治バブル」

と呼ばれている。中国製陶磁器の東南アジア輸出は、模造銅銭の盛行とともに復活している（施静菲「陶瓷資料庫的拼図」）。後述するように、模造銅銭と中国製陶磁器は中国東南沿岸部でともに製造されセットで輸出された可能性がある。

基準銭と通用銭

さて一四八五年の大内氏の撰銭禁令は、段銭納入の場合と普通の取引の場合とを差別化している。その大内領内の宇佐宮《うさぐう》では、一四九一年に地元の人々が現地の取引に使われる「並銭」三枚を納税手段としての「精銭」一枚に相当するものとしていたことを示す文書が残っている。精銭は緑青色の古銭＝宋銭であろう。既述の長登銅山を領内にかかえると同時にその銅を主力貨物とする日明貿易に最も深く関わっていた大内氏であるから、ここでいう並銭が領内の銅から鋳造された和製模造銭であるのか、それとも中国東南沿岸部で鋳造された模造銭であるのか定かではない。いずれにしろ、通貨供給のきわめて乏しい一五世紀を生きてきた人々は、現地に流入してきた緑青色ではない新銭＝並銭を取引の手段として受領したのである。つづいて一四九三年、肥前の相良《さがら》氏の家法が不動産売買において、「宇千鳥」一〇貫を精銭四貫、「黒銭」一〇貫を精銭五貫に相当すると定めている（川戸貴史『戦国期の貨幣と経済』）。精銭とそれ以外の銭貨を階層化し、並行して使用する慣行は広まりつつあった。

階層化の背景には、日本列島において取引の基層へ銅銭使用が浸透していったことがある。一四〇一年、京都の東寺の荘園であった備中の新見荘《にいみのしょう》の支出帳は、酒と食料を主に数十文ほどだが、近くの三日市《みつかいち》(現岡山県新見市)において年がら年中銅銭を支出していたことを示す(小野正敏「銭と家財の所有」)。近江の今堀郷《いまぼり》の日吉神社《ひえじんじゃ》(現滋賀県八日市市)に伝わる文書は、村の自治組織である惣《そう》が、一四四八年には、二度の合図を受けながら寄合に参加しなかった者に咎銭五〇文を科すことを決め、一四八九年には、村の共有地と私有地の境界争いにおいては銅銭払いで解決するよう、村掟を定めたことを伝える(鈴木敦子「中世後期の経済発展と中国銭」)。すでに銅銭は、村の掟を決めるのに不可欠な手段となるほど社会の末端にいきわたっていた。

一方で、地域を超えた動産の移転にたずさわっていた遠隔地商人と大名や寺院などの収租権者たちは、精銭での支払いを保守しようとする。土地取引のような高額の取引も精銭建てでおこなわれる慣行がつづき、銅銭の使用は地域ごとの多様性をもって重層化が進んでいく。以下では、現地通貨として日常的な取引を媒介する銅銭を「通用銭」、地域間決済手段として不動産取引や納税にも有効な銅銭を「基準銭」と呼ぶこととする。きわめて図式的に言ってしまえば、一一世紀中国で硫化銅製錬によって生み出された宋銭が年を経て緑青色の古銭となり、それが基準銭となった。一方、一五世紀日本での硫化銅製錬がもたらした銅を使ったまだ錆び切らないその他の新銭が、「国の料足」「国銭」と呼称されて地域ごとに特化しながら、通用銭として基層の取引を支えることとなったのである。後北条氏は「四五十色」の精銭の一覧を備えていたというが、基準銭の方は地域を超えて認知されていた度合いが高いはずであり、だからこそ地域間決済に適していたわけであるが、通用銭の方はたとえ基準銭との比価がたまたま三対一と同じであったとしても、甲の地域の「国銭」と乙の地域の「国銭」の間には通用性が低かった可能性が高い。

日本新鋳の銭

長門の山口に本拠を置く大内氏に遅れること一五年、一五〇〇年に京都の室町幕府がはじめて撰銭禁令を発布する。その内容は簡明で、日本新鋳の銭は選び取ってもかまわないが、「渡唐銭」すなわち中国から輸入された銅銭は、先に撰銭の標的となった洪武・永楽・宣徳銭も含めて選び取ってはならない、というものであった。しかし、日本列島内で鋳造されたものも北宋の年号などを鋳込んだ中国古銭の模造であった。緑青を帯びた真正の古銭は別として、列島内鋳造の新銭と大陸鋳造の新銭を区別できたのであろうか。

まず確認しておかないといけないのは、外見の劣る「悪銭」は一五世紀以前から混ざって使用されていたということである。それは志海苔埋蔵銭が示すとおりである。一四〇六年に東寺の所領である大和の河原城荘《かわらじょうのしょう》からの年貢に混在した悪銭二貫三〇〇文を取り換える事例が現れるが、これは以前からもあったことがたまたまこの時期にはじめて記されたのかもしれない。しかし、一四二一年に京都の祇園社が馬上料足三〇〇貫を「清撰」して受け取るようになった事例は、撰銭を職掌とする人々の存在を示唆しており、列島内の「悪銭」流通が新たな段階に入っていた可能性をうかがわせる(稲吉昭彦「中世後期における「撰銭」の実態」)。一四三〇年、伊勢神宮をかかえる伊勢地域では悪銭の流通と撰銭がすでに問題になっている。その伊勢で一五〇三年に、「一〇〇文のうち一〇枚のコロと一〇枚のサカイをまぜる」という記述が残されている(千枝大志『中近世伊勢神宮地域の貨幣と商業組織』)。「コロ」とは九州南部で模造されていた洪武銭であると思われるが、中国から流入した新銭である可能性もないとはいえない。「サカイ」の方は、後の時代の遺構で模造宋銭や無文銭(銘の鋳込まれていない銭)鋳造の跡が発掘されていることもあり、堺ですでに銅銭が鋳造されていたことを示す、と考えてよかろう。

さらにさかのぼれば、一四七一年に細川氏が島津氏にあてて、堺から琉球あてに銅銭を運び込んでいるのを阻止してほしい、という要請をしている(橋本雄「撰銭令と列島内外の銭貨流通」)。琉球において、一五世紀後半の遺構からそれまではなかった無文銭が出土するようになる(宮城弘樹「琉球出土銭貨の研究」)。それらが、堺での銅銭生産と関わりがあるのか、それとも同時代の中国東南沿岸部での模造銭が流入したものなのか、さだかではない。

そもそも、中国銅銭に鋳込まれた銭銘の明瞭さにはその精粗においてかなりの幅があった。

志海苔埋蔵銭は数が多いだけに、銅銭の見かけと金属組成との間の関係について一般的傾向を知るのに都合がよい。最も多い銭種の皇宋通宝《こうそうつうほう》を一二九枚選んで金属組成を測定し、その組成と銭銘の明瞭さとの相関を調べたところ、錫の含有量が多いほど銭銘が明瞭であるという関係があることが明らかとなった(市立函館博物館『函館志海苔古銭』)。このことは撰銭という営為について考える時に重要な意味を持つ。一五世紀から日本列島は銅の大生産地帯となったが、一方で青銅の別の成分である錫は一六世紀末までほとんど生産地が知られていない。錫を混ぜずに純銅で銅銭を鋳造してしまった場合、字画の多い字などは細部がつぶれてしまうなどして、銭銘が明瞭にならない。当時の堺での銅銭生産が無文銭を主とするものであったとすると、それには技術的原因があったのである。

純銅の和製模造中国銭——きわだつ永楽銭の多さ

中国大陸においては宋銭などと比べて出土数がきわめて少ない永楽銭だが、日本列島においては一五世紀後半以降の遺構から多く出土している。茨城県東海村の村松白根《むらまつしらね》遺跡より出土した永楽銭は非常に重要な情報をもたらした。一定量の錫を使っている永楽銭の場合、銭に含まれる鉛の同位体比はそれが南中国産の鉛であることを示している。これに対し、銅九四・七%、錫〇・七%と錫がほとんど使われていない永楽銭(登録番号 M2616)のそれは、日本産の鉛を含んでいることを示した。さらに重要なのは、鋳造工程の途中であることを如実に示す永楽銭の枝《えだ》銭《ぜに》が出土し、その金属分析が、南中国産鉛を含む永楽銭と日本産鉛を含む永楽銭との中間の値を示したことである。つまり、錫を含む輸入中国銭を溶かして日本産の原料とともに鋳造していた可能性があるということである。まだ確かではないが、同遺跡は一五世紀後半に遺棄されたと考えられている(茨城県教育財団編『村松白根遺跡』)。

既述の志海苔からさほど遠くない知内《しりうち》町出土の涌元《わきもと》埋蔵銭も一五世紀後半以降に残置されたと思われるが、永楽銭を含まない志海苔埋蔵銭とは対照的に、一〇四二枚の現存総数のうち永楽銭が二一〇枚を占めている。先の大内氏の撰銭禁令で永楽銭を混ぜるのは二割まで、としているのを思い起こさせる比率であり、単なる偶然の一致だとしても、一五世紀後半以降の日本列島では大陸でまれな永楽銭が異様に多い、ということをあらためて確かめさせてくれる。さてその涌元埋蔵銭においては、志海苔埋蔵銭で銭銘不明と分類されているような様態の銭は五枚のみである。もともと出土した時には現存の三倍の量があったとも伝えられているので、現存のもののみから判断するのはかなりの留意が必要だが、志海苔と比べて、銭を選別しようという意図が働いた埋蔵であるように見える(中村和之ほか「知内町涌元古銭の調査」)。

図6と図7は、函館工業高等専門学校・埋蔵文化財研究会が作成した登録番号四七と四八の永楽銭の拓本である。登録番号四七の方は銅を九九・八%含みほぼ純銅製であるのに対し、四

八の方は錫を一七・八％含む。両者を見比べると、四七の銭銘は四八と比べて不明瞭で、とりわけ画数の多い「寶」字の中央部分がつぶれていることがはっきりわかる。この見かけは、上述のやはり純銅に近い村松白根遺跡出土の永楽銭(登録番号M2616)と相似する。埋蔵されていたとはいえ、銅銭の見かけに関して敏感になっていたはずの当時のエンドユーザーたちであれば、けっして見逃さないであろう違いといえる。

さて、四七と四八の二つの永楽銭の間のはっきりした違いは、四七には錫が含まれていないが、四八には相当な分量の錫が含まれているということだけである。四七を鋳造できた模造業者なら、錫があれば四八のような模造を容易にできたであろう。すなわち、四八のような一見もっともらしい永楽銭が出土したからといって、それらが後の時代の模造銭ではなく、永楽年間に鋳造された真正の官銭であるという証左には全くならないのである。列島各地の遺構から

図6　涌元埋蔵銭
(登録番号47)
出典：函館工業高等専門学校・埋蔵文化財研究会提供

図7　涌元埋蔵銭
(登録番号48)
出典：図6に同じ

出土する銭銘のはっきりした永楽銭について、それが公式鋳造の「制銭」「本銭」だと解説する報告書は多い。開元銭や宋銭についても、錫が多く配合された銅銭五例とほとんど純銅の銅銭

一四例に対し、収集家とほとんどの考古学者は前者を公鋳銭、後者を模造古銭と分類した、との報告がある(西本右子・佐々木稔「公鋳銭・模鋳銭の化学分析」)。しかし、錫を入手できるのは政府ばかりではない。外見のみによった鋳造の公私の判別は控えて、歴史的状況をふまえ慎重に由来を考察すべきである。

涌元埋蔵銭と同じく知内町の上雷神社《じょうらいじんじゃ》近くで出土したとされる上雷埋蔵銭は、一〇七枚のうち永楽銭一五枚を含む。無文銭は一枚のみであるが、その無文銭とともに、少なくとも元豊銭一枚と元祐銭一枚は成分がほとんど純銅であることがわかっている(中村和之・高橋豊彦・高橋直樹「北海道知内町の上雷地区から出土した古銭について」)。典型的な北宋の銭銘を持つ銭が、実は日本国内鋳造である可能性が高いということである。真正の古銭たる宋銭、一五世紀後半以降に中国で模造された新「宋銭」、日本列島内で模造された純銅の新「宋銭」の三者の比率がどうなっているのか、現在のところ知るよしもない。一六世紀末と思われる堺の遺構から、精銭とされた宋銭を模造する鋳型が出土しているが、同じ遺構から出土する銅銭は純銅で錫を含まない傾向が知られている(嶋谷和彦「堺の模鋳銭と成分分析」)。

これらの事実が示唆するのは、一五世紀以降の日本列島では硫化銅製錬開始により銅生産が活発になり、安価になった銅を使って、すでに流通していた中国銭を模造する業者が現れていたのだが、錫がないため見た目で容易に真正の古銭との違いがわかるようなものしか製造できなかった、ということである。

宋銭で取引される明代

中国大陸の動向にふたたび目を向けてみよう。室町幕府がはじめて撰銭禁令を発布したその同じ年の一五〇〇年、北京に「新銭」が流れ込みだし、一四八〇年のような一過性のものではなく、新銭二枚を古銭一枚と等値だとする商慣行が定着するようになる。最初は北京だけの慣行であったのがやがて市外へ、そしてさらに南方へと広まっていく(「板児」『碧里雑存』)。市中に出回る量において新銭の方が多くなれば、人々は新銭一枚を一文とし、古銭一枚は二文と数えることになる。くわしい経緯は明らかになっていないが、かつて河北・山東を中心とする地域において銅銭一枚を二文と数える京銭《きょうせん》という商慣行が支配的で、二〇世紀初めまでつづいていたが、その起源は、この時の変化と関連があると考えられる。後述する後の時代の史料が裏打ちするように、もうこの時の「新銭」の模造対象は、すでに市中での出回りが少なくなっていた明銭ではなく、宋銭あるいは開元銭がほとんどであったに違いない。模造古銭流通の本格化である。

一五一一年、明政府は「新銭」の使用を禁止する。しかし、新銭は潜在する通貨需要にこたえて流通したものであったので、現実を全く無視した対応であった。おそらくこの時の禁令を受けてであろう、福建の莆田《ほでん》県の知事は新銭の使用を禁止するが、すぐに人々から猛烈な反発を受ける。木こりや行商人をしてその日の生計をたてている人々は、新銭がなければ毎日の米を買うこともできなくなる、と。知事は禁止を撤回せざるをえなくなるが、似たようなことは中国全土、いやおそらくシナ海をまたいで起こったであろう(「莆中銭法志」『天馬山房遺稿』巻四)。同じころ上海でも「新銭」の宋銭が主流となり、市中からは真正の宋銭は消え去ったとされる。広州に近い新寧《しんねい》県では一六世紀前半を通して古銭の流通が支配的になったとされているが、模造古銭、すなわち新銭が大量に流入したのであろう(『新寧県志』巻五)。いずれにしろ、明代中期、その統治下から明銭の流通は消え去ってしまった。

古銭模造と倭寇――結節点としての福建南部

さて上述の福建北部沿岸の莆田県の場合、「元祐銭」が突然流入しはじめて混乱をもたらしたと史料に記されていて、それらは福建南部沿岸の漳州《しょうしゅう》府の南坂《なんはん》地域からもたらされたと回顧されている。もはやいうまでもなく、この元祐銭は北宋の元祐年間(一〇八六―一〇九四)に鋳造された真正の古銭ではなく、黄銅色をした新銭＝模造古銭であったに違いない。

南坂とは漳州府管轄の漳浦《しょうほ》県の大南坂鎮のことと推測される。明末清初の大儒顧炎武《こえんぶ》が地方志を集めた『天下《てんか》郡国利《ぐんこくり》病書《へいしょ》』(一二六冊)に収録されている『漳浦県志』は、次のような記述を残している。
わが県においては、嘉靖《かせい》三年四年〔一五二四―一五二五〕は元豊銭を用い、七年八年〔一五二八―一五二九〕は元豊銭を廃して元祐銭を用い、九年十年〔一五三〇―一五三二〕には元祐銭を廃して聖元《せいげん》銭を用い、十三年十四年〔一五三四―一五三五〕は聖元銭を廃して崇寧《すうねい》の当三《とうさん》銭と熙寧の折二《せつに》銭を用いた。

はたして、莆田県の記事にある一五一〇年代よりも時期は遅れるが、漳浦県では元祐銭を模造していた。当三銭と折二銭はそれぞれ当時の北宋政府が額面を三文と二文に指定して発行した銅銭のことである。先に紹介した明朝の撰銭禁止の法令の中で、「歴代ならびに洪武・永楽・宣徳、また銅銭折二当三」は枚数にしたがって文で数えさせ、選び取ることは許さない、としているが、この地方志は漳浦の模造古銭業者がその折二と当三を選んで鋳造していたことをあからさまに述べている。数年ごとに模造の対象を変えたのは、一つには官憲の取り締まりから逃れやすくすることがあったろうが、もう一つには、鋳造したばかりのピカピカできたての銅銭ではさすがに他の地域に売り込むのがむずかしく、緑青色は望むべくもないが、色が落ち着くのを待って出荷したからなのかもしれない。

『漳浦県志』はさらに、漳州府の他の県でも銅銭模造にたずさわっていて、詔安《しょうあん》では上等の模造がおこなわれ、漳浦での模造はそれに次ぐ水準だが、龍渓《りゅうけい》での模造は低い水準でおこなわれている、と叙述している。同時代者たちが模造銭の出来に地域によるばらつきがあると証言してくれているのは、模造であれば見かけの悪い銭に違いない、あるいは逆に見かけの良い銭は公鋳銭である、などというような先入見に対して警鐘を鳴らす。

さて、漳州府が銅銭模造の中心地となったのには背景がある。明朝は海禁政策をとって民間の自由な海外貿易を認めてこなかったが、そのことは環シナ海地域の商人たちを非公式貿易に従事させることになり、往々にして海賊行為も伴ったことから倭寇《わこう》と呼ばれた。ことに一五二三年、大内氏と細川氏が寧波で紛争を起こして公式の勘合貿易が頓挫してからは、非公式貿易に拍車がかかる。上述の漳州府の龍渓こそは、月港《げっこう》と呼ばれた当時の倭寇ネットワークのハブとして栄えた港を擁する県であった。一五世紀後半から一六世紀にかけての東シナ海・南シナ海をつないだ非公式貿易の発達は、この福建南部沿岸を銅銭模造産業の拠点として栄えさせた可能性が高い。

見かけの良い青銅銭を模造するには、銅のみならず錫を確保しなければならない。繰り返しになるが、廉価の銅を享受した同時代の日本列島の銅銭模造業者たちには錫の入手が困難であった。一六世紀後半の東アジアで豊かな錫産地は限られており、一つは広西の賀州《がしゅう》であり、もう一つはマレー半島であった。福建南部沿岸は両者へのアクセスが容易である。また戦国時代の日本は銃の弾丸製造のために不可欠な鉛も不足していたのだが、平尾良光は、鉛同位体分析により、東大寺に残る一五六七年の戦いの時の鉛玉がタイのソントー鉱山産のものであることを明らかにした（平尾良光「鉛玉が語る日本の戦国時代における東南アジア交易」）。一六世紀後半、鉛も福建南部沿岸を経由してタイから日本へ運ばれていた可能性が高い。とすると、福建南部沿岸は廉価な日本銅に加えて錫と鉛を容易に調達できる地政学的優位を持っていたということになる。けっして偶然にこの地域が銅銭模造産業の中心地になったのではない。

一五四六年、豊後の大友義鑑《おおともよしあき》が寧波に送った朝貢船が失敗に終わると、倭寇の領袖であった王直《おうちょく》らが先導して非公式貿易がさらに活発化する。一五五六年から一五五七年にかけて倭寇の背景を調査するため日本に派遣された鄭舜功《ていしゅんこう》の記した『日本一鑑《にほんいっかん》』（巻二）には、日本はただ「中国古銭」だけを使用していて、銭一〇〇〇文＝銀四両の相場であり、龍渓地方で私鋳され売り込まれてくる銭の真偽をかまいもしない、とある。鄭舜功は豊後の大友宗麟《そうりん》のもとに身を寄せ、京都にも足を運んでいる。浙江の長官として倭寇対策の指揮をとっていた胡宗憲《こそうけん》の幕僚の鄭若曽《ていじゃくそう》が記した『籌海図編《ちゅうかいずへん》』（巻二）には、日本は銭を自ら鋳造せず、「中国古銭」だけを使用し、銭一〇〇〇文＝銀四両の相場であるが、福建の私鋳の新銭は一〇〇〇枚＝銀一両二銭で、永楽銭・開元銭だけは使わない、と記す。同じころ胡宗憲はやはり日本に倭寇禁止要請の使者を送っていた。『籌海図編』の叙述は福建鋳造の新銭も日本で需要があったことを示すが、『日本一鑑』の方の記述では銭の真偽をかまいもしないとあるから、模造銭であっても古銭として売り込めれば大きな儲けとなったことを示唆しているともとれる。

『日本一鑑』『籌海図編』ともに銀一両＝銭二五〇文の相場を残している。一六世紀後半の莆田県についての記述では宋銭一〇〇〇枚＝銀三両（銀一両＝宋銭三三三文）とされる（後述）。日本列島の方がやや相場が高いから宋銭を引き付けたともいえるし、おおかた東シナ海沿岸では似たように宋銭を高く評価する慣行が共有されていたともいえる。

開元銭専用の南京

『籌海図編』の方はわざわざ、日本では唐の開元銭を使っていない、と記述している。単に、列島内での宋銭優位を強調するためにつけ加えたのではなさそうである。実はこの当時、中国では堂々とその開元銭をもっぱら使用している地域が存在した。明の副都である南京を含む応天府とその周辺である。一五七九年に刊行された、応天府属で南京の西に位置する江浦《こうほ》県の県志は次のように記す。

洪武年間（一三六八―一三九八）は紙幣と古銭が並行して流通していたが、紙幣が廃れてからは歴代の銭と開元銭を交えて使用していた。ところが、嘉靖年間〔一五二二―一五六六〕以降は開元銭ばかりが流通するようになった。滁《じょ》県、和県〔どちらも安徽。応天府の西〕そして六《ろく》合《ごう》県〔応天府西部〕では肉厚で周郭が立派なものが出回っていて、江浦県ではその次の質のものが、浦子口《ほしこう》〔南京西北に隣接〕ではさらに次の質のものが流通していたが、南京城内でははなはだ軽小なものが流通した。

（『万暦江浦県志』巻六）

この記述によると、南京城内から西の安徽東部にかけて開元銭専用地域がかなり広がっていたことになる。江南の昆山出身である『籌海図編』の著者鄭若曽なり、彼を雇用した安徽徽州出身の胡宗憲なりが、この同時代の副都南京とその周辺における開元銭流通の状況を知らないはずがない。同時代の中国大陸におけるのと同じように、模造古銭が流通を支配しているにもかかわらず、日本に派遣した使者たちの目には開元銭が見当たらなかったため不思議に思い書き留められたのではないだろうか。

さてこの『江浦県志』の記述、同じように開元銭が流通しているものの、まさしく西の安徽との境から都心の南京城内に近づくにつれて銭の見かけが悪くなっている傾向があったことを明らかにしている。既述の『漳浦県志』がやはり詔安から漳浦、そして龍渓へと貿易中心地に近づくにつれて銭の見かけが悪くなっていくと記述しているのと似ている。けっして偶然の相似ではあるまい。金属ストックが限られている条件下、県あるいはその下の鎮の範囲で、取引需要の繁閑の程度にしたがって、銅銭模造業者たちが銅銭の質を変えて供給した結果であろう。南京城内も月港付近も通貨の取引需要が強いから、低質でも多量の銭が求められていたはずである。いずれにしろ、「開元通宝」の銭銘を鋳込んであるからといって、県を越えると大きさや出来栄えが違うような銅銭を、当時の人々も、真正の唐代鋳造の古銭などとは思ってもいなかった。

南京での開元銭流通はその後もつづき、明政府が積極的な銅銭供給に政策を転じて万暦通宝を南京で鋳造しはじめた後でも、根強く開元銭は流通しつづけた。一六二八年頃に書かれた『沈氏《しんし》日旦《にったん》』(巻八)によると、そのころになっても同地域における開元銭選好は存続していたようである。

こうして見ると、日本列島内で開元銭が大量に出土した場合、それが一五世紀後半以降の遺構であるならば、まず同時代の中国での模造古銭である可能性を考慮しなければならないであろう。たとえば、越前朝倉の一乗谷《いちじょうだに》からの一括出土銭において、第一位の皇宋通宝、第二位の元豊通宝にほとんど並ぶ数の二〇六一枚もの開元通宝が含まれている。以下、第四位に熙寧銭、第五位に元祐銭とつづく(櫻木晋一『貨幣考古学序説』)。同じように、一六世紀前半製造の備前焼の甕に入れられていた岡山県赤磐市の中屋《なかや》遺跡出土の銭も、五八三三枚中、開元銭が七二九枚と最も多く、以下元豊銭、皇宋銭、元祐銭、熙寧銭とつづく（岡山県赤磐市教育委員会編『中屋遺跡の大量出土銭』）。表1の一二世紀末洛陽の埋蔵銭の銭種構成が、古銭模造が流行する前の「真正」な銭種比率を反映していたのだとすると、一乗谷、中屋ともに開元銭の比率が真正な構成よりもきわめて高い。これらの開元銭に七―九世紀の真正の唐銭ではなく一六世紀の模造古銭が多く含まれているのであるなら、『漳浦県志』にその模造が記されている以上、一乗谷や中屋から出土した元豊銭、熙寧銭、元祐銭にも、一一世紀の真正の宋銭だけではなく同時代の模造古銭が多く含まれているかもしれない。

一六世紀の永楽銭

『籌海図編』での開元銭への言及は、同じく永楽銭についての言及も、それらが一六世紀半ばの中国東南沿岸部の人々にとって模造されている銭種として意識されていたからではないか、との憶測を禁じえなくさせる。なお、もう一方の『日本一鑑』の著者鄭舜功は大友氏領国の豊後に滞在している。一五二九年に大友氏は住居税の賦課に際して、一〇〇文のうち永楽銭を二〇文混ぜさせる法令を発しているから、永楽銭は少なくともそのころまでは流通していたと思われるので、彼は永楽銭を見ていたかもしれない（鹿毛敏夫『戦国大名の外交と都市・流通』）。とはいっても、開元銭と違い、永楽銭がことさらに流通していた地域が一六世紀の中国大陸にあ

表8　中世日本埋蔵銭と堺，漳浦での模造銭種

銭銘	枚数	王朝	初鋳年	堺での模造	漳浦での模造
皇宋	395,737	北宋	1039		
元豊	379,386	北宋	1078	○	○
熙寧	301,385	北宋	1068	○	○
元祐	278,779	北宋	1086	○	○
開元	256,178	唐	621	○	
永楽	211,151	明	1408		
天聖	157,101	北宋	1023	○	
紹聖	130,663	北宋	1094	○	
政和	124,189	北宋	1111	○	
聖宋	120,635	北宋	1101	○	

出典：(埋蔵銭)鈴木公雄『出土銭貨の研究』東京大学出版会，1999年，80頁．(堺での模造銭種)嶋谷和彦「中世の模鋳銭生産――堺出土の銭鋳型を中心に」『考古学ジャーナル』372，1994年，29頁．(漳浦での模造銭種)顧炎武『天下郡国利病書』下巻，中文出版会，1975年，1308頁．

ったという情報はない。既述のように、出土した銭貨から、一五世紀後半においてすでに日本列島内で永楽銭が模造されていたことは明らかになっているから、永楽銭への需要がある地域がたしかにあったということになる。しかし、列島内に錫産のない条件下では、錫を含有する古銭を溶かしでもしないかぎり、銭銘の明瞭な永楽銭を量産することはむずかしい。

にもかかわらず、永楽銭を多く含む一六世紀の遺構が列島内には少なくない。表8は鈴木公男が整理した列島内出土銭の銭種の上位一〇種である。中国では出土例が非常に少ない永楽銭が宋銭や開元銭に伍して第六位につけている。既述のように一四〇〇年頃の中国ではきわめて銅生産が少なかった。にもかかわらず、当時の年号を鋳込んだ永楽銭の出土頻度が、中国史上最大の銅生産を誇った

北宋の年代銭や二〇〇年以上鋳造がつづけられた開元銭と肩を並べているのは奇妙なことなのである。単に永楽の年号を鋳込んであることで、それらを永楽年間(一四〇三―一四二四)の公鋳銭とみなすことは、そもそも銅生産の推移を無視した推論である。

着目すべきは、東シナ海東端に位置する壱岐の平人触《ひろうとふれ》出土銭である。四一七二枚のうち三八二〇枚と大多数を永楽銭が占め、しかも銭銘が明瞭なものが多い。重要な情報としては、同出土銭には大和《たいわ》(一四四三―一四五三)、光順《こうじゅん》(一四六〇―一四六九)、洪徳《こうとく》(一四七〇―一四九七)、洪順《こうじゅん》(一五一〇―一五一六)といったベトナム王朝の年号銭が含まれるということである(古澤義久「永樂通寳の日本流入に関する一考察」)。一六世紀の列島各地からの出土銭には、天福(九八四年)、大治(一三六〇年)などのベトナムの古い年号銭が含まれていることがあるが、これらを単に銭銘だけを根拠に当該の年代にベトナムで鋳造された、とみなすのは間違いである。一六世紀の日本のどこかの遺構から開元銭が出土したからといって、その開元銭が唐代鋳造のものとはかぎらないのと同じことである。

平人触出土銭は一六世紀第一4半期以降に残置されたと考えられるが、同じように永楽銭が多数を占め、蓄えられていた容器の様式から、一六世紀後半に残置されたとみなされる出土銭もある。永楽銭が七五・四%を占める東京都調布市の下石原《しもいしわら》遺跡や、同じく六八・一%を占める三重県津市の宮出遺跡のものなどである(荒川正夫「埼玉県大久保遺跡の一括出土銭と模造古銭」)。

どちらも永楽銭が好まれたとされる地域からの出土であり、また考古学者の間ではそれらの多くは模造銭ではなく公式鋳造の「本銭」であるとされている。しかし、涌元埋蔵銭について論じたように、様態だけで公式鋳造か非公式鋳造かを断ずることはできない。生産地を特定することはできないが、これらの永楽銭を永楽年間に中国で鋳造されたものとみなすのは不自然であろう。

ベトナムにおける中国銭流通

ベトナムの史書には政府が銅銭を鋳造したという記事が散見するが、それはベトナムの人々がベトナム王朝鋳造の銅銭に依拠して取引や納税をしていたことを意味するわけではない。事実は全く逆である。表9は、一九世紀末にハノイの市場に農民が持ち込んだ二つの甕に入れられていた銅銭の銭種一覧である。出土の経過は不確かだが、一二〇〇年前後に残置されたものと考えてよさそうである。聖宋銭がやや多いことを除くと、既述の一二世紀末洛陽出土銭（表1）や志海苔埋蔵銭の構成と非常に似ている。重要なのは、二万枚を超す銅銭の中にベトナム年号銭がわずか三七枚しか含まれていないことである（A. Schroeder, *Numismatique de l'Annam*）。既述のように、一三世紀から一六世紀にかけて中国政府による銅銭鋳造はほとんど途絶えるのだが、ベトナムの中国銭依存の状況はその後も変わらなかった。一八世紀に黎《レ》朝が自らの年号

表9　12世紀ベトナムの埋蔵銭

銭銘	枚数	銭銘	枚数
太平(ベトナム)	2	宋元(以下，北宋)	47
天福(ベトナム)	35	太平	127
貨泉(新)	1	淳化	179
五銖(漢)	6	至道	338
開元(以下，唐)	2,183	咸平	389
乾封	1	景徳	451
乾元	88	祥符	888
開元　会昌	21	天喜	375
通正(以下，五代十国)	1	天聖	715
光天	1	明道	14
乾徳	1	景祐	196
咸康	1	皇宋	3,782
唐国	4	至和	172
大唐	1	嘉祐	433
周元	3	治平	220
開元　南唐	2	煕寧	1,458
		元豊	1,680
		元祐	1,739
		紹聖	1,821
		元符	821
		聖宋	2,650
		大観	637
		政和	965
		宣和	511
		建炎(以下，南宋)	1
		紹興	1
		合計	22,961

出典：Albert Schroeder, *Numismatique de l'Annam*, Paris, Édition Trismégiste, 1983, pp. 374-375.

図8　ベトナム，ハノイの出土銭
出典：櫻木晋一氏提供

銭である景興《けいこう》銭（景興通宝）を大量に鋳造するまで、ベトナムでの取引は中国古銭に依存していたといってよい。その一八世紀の黎朝の官僚黎《レ》貴惇《クィドン》が著した『撫辺雑録《ぶへんざつろく》』においてすら、当時もいまだに各地での納税などが中国古銭に依存していたことを示す記事にあふれている。

近年の出土資料もこの観測をさらに裏打ちする。昭和女子大学によるプロジェクトの一環として、ハノイで出土したとされる埋蔵銭を櫻木晋一・三宅俊彦らが調査したところ、ある甕の中の三六九一枚の銅銭はすべて開元から洪武までの中国銭で構成されていて、ベトナムの年号銭は一枚もなかった。重要なことに、同プロジェクトで二号資料と呼称されているその銭甕には、図8からもわかるように、銭を紐で結んだかたまりが形を残していたことである。はっきりと六七枚を束ねていたことがわかるものもある（昭和女子大学国際文化研究所『ベトナム北部の一括出土銭の調査研究』）。第一章で述べた短陌慣行はベトナムにも広がっていた。一四世紀刊行の『安南史略《あんなんしりやく》』（巻一四）に、唐宋時期には銭七〇枚を一〇〇文と数えたと記述された短陌慣行に近く、当該の甕には、実際に取引に用いられた銅銭が蓄えられていたことを強く示唆している。

既述のように、『大越史記全書』には一四六〇年代から私鋳銭を禁じる記事が現れ、さらに一四八〇年代から撰銭禁令を載せていることから、東シナ海を越えて起こった新銭輸出が、同じように南シナ海を越えて起こっていた可能性がきわめて高い。一六世紀初めに残置された埋蔵銭と推測されている昭和女子大学調査のベトナム北部五号資料(四四〇九枚)と六号資料(一五五一枚)は、少数の大和、光順、洪徳、洪順などのベトナム年号銭とともにそれぞれ一三一枚と七〇枚の永楽銭を含む。ことに五号資料の永楽銭七九枚は、直径がはっきりと短く銭銘が不明瞭なものである。先の平人触出土銭にも同じような銭径の永楽銭が含まれていることは重要な情報である。同五号資料の大多数は北宋の銭銘を持つが、ことに元豊銭、元祐銭が全体の三分の一を占める(昭和女子大学国際文化研究所『ベトナム北部の一括出土銭の調査研究2』)。これは真正の宋銭の比率を反映すると思われる表1の洛陽埋蔵銭と比べて、異常に多い。『漳浦県志』と『籌海図編』にことさらに言及されている三つの銭種、元豊、元祐、永楽を異様に多く含んでいるのは単に偶然なのだろうか。

一八八二年に上海で出版されたベトナム通貨史の専門書『安南とその小額通貨』(E. Toda, *Annam and its Minor Currency*)は、一五世紀までベトナムで流通した銅銭は広東、広西、福建で模造された宋銭で、真正の宋銭より小さい、と記すが、疑いなく、一五世紀どころか一六世紀においても事情は同じであった。『康熙広州府志』（巻一〇）は、嘉靖年間（一五二二―一五六六）初め頃に新会県《しんかい》などの中国商人が私鋳銭をベトナム国境地帯に持ち込んで利益をあげた、と記す。銭銘についての情報はないが、ことさらにベトナム向けに鋳造したのであればベトナム年号を鋳込んだものもあった可能性はある。ちょうどそのころ、一五二七年莫登庸《マクダンズン》が黎朝から政権を奪い、その翌一五二八年「鉛鉄新色諸間銭」をまた鋳造し「天下各所」に通用させた、とされる。そうした『大越史記全書』（巻一五）の記事が同時代のベトナム政府の政策を正しく伝えていたとすると、福建・広東の古銭模造業者には新銭を持ち込むのに絶好の機会であったに違いない。

既述の『漳浦県志』における古銭模造の叙述もまさしく同じ時期についてである。当該箇所で、「聖元銭を用い」とあるのは、おそらく北宋の聖宋元宝《せいそうげんぽう》を間違って記述したのであろうが、聖元は一四〇〇年のベトナムの年号である。それに先立つ一三九六年、ベトナム政府は明朝にならって紙幣を発行し、その流通のため銅銭を禁止したと『大越史記全書』（巻八）に記されているが、『安南とその小額通貨』は一四〇二年鋳造のものとして聖元銭について記している。一連の叙述からすると、少なくとも『漳浦県志』執筆者は聖元を年号であると認識していたようであるから、「聖元通宝」なるものを漳浦で鋳造していた可能性も全くはすてきれない。

いずれにしろ、こうした歴史的背景を考慮するなら、天福（九八四年）のようなベトナム年号の銭銘を持った銅銭が一五世紀後半以降の日本列島内の遺構から出土した場合、同時代の中国東南部沿岸での模造の可能性も考えられなければならない。ただし、それより以前の一四〇〇年頃に残置されたと考えられている志海苔埋蔵銭にも天福銭は含まれているから、列島出土のベトナム銭はすべて後世の模造であると一概に断ずるべきではない。

注目すべきことは、平人触出土銭が入れられていた甕の一つは一六世紀第一4半期の福建泉州製造とされていることである（古澤義久「永樂通寶の日本流入に関する一考察」）。先に述べた福建南部沿岸の銅・錫・鉛を調達できる地理的優位を考慮すると、銭甕の中身の銅銭も福建産であったのではと考えるのもそう無理な推測ではあるまい。まだ情報が断片的にすぎるが、日本列島の一五世紀後半以降の遺構からベトナム年号銭混じりで大量に永楽銭が出土する事例は、それらが同時代の中国の福建・広東沿岸の銅銭模造業者の製造によるものであった可能性を示唆している。たとえば、一九七四年の兵庫県西宮市石在《いしざい》町出土の埋蔵銭は、一万九八〇三枚のうち永楽銭が二二二四枚と、他の出土銭での上位常連である皇宋銭などをおさえて最多を占めるが、二枚の天福銭を含んでいる。

なお、多くの出土銭調査に従事し、石在町出土埋蔵銭の調査にもたずさわった永井久美男は、同出土銭について、割れ銭、欠け銭が極端に少なく、精銭の範囲に属する埋蔵銭ばかりであって、撰銭がなされている印象を強く受けた、と記す。先に紹介した、割れ銭、欠け銭を多く含み永楽銭がない志海苔埋蔵銭と対照的である。同じ埋蔵銭でも、一四〇〇年前後と一五〇〇年前後では、銅の価値も銅銭の需要も全く異なるものであったことを物語る（兵庫埋蔵銭調査会編『石在町出土銭と公智神社出土銭』）。

銅銭流通の重層化

既述のように一五〇〇年、はじめて室町幕府が撰銭禁令を出したのだが、当然ながら市中においてすでに銅銭の受領をめぐって紛争が起きていたからであろう。同じ年、京都の東寺がはじめて矢野荘《やのしょう》に対して、年貢を納める時に悪銭が含まれていないかどうかを確認するよう命じている。年貢公租の納入時に基準銭たる精銭で納めるよう要求する領主側と、現地で流通している通用銭たる並銭を受け取るよう要求する荘園側との紛争は広がっていった。

大内領内の佐西《さざい》の人々は、近くの定期市である廿日市《はつかいち》で材木を売った銅銭で厳島神社に年貢を納めていた。ところが一五四九年頃、それまでのように市場で得た銅銭を納入しようとしたところ、厳島神社の側が、銅銭が悪銭であるからといって受け取りを拒否し精銭で支払うよう要求したものだから、佐西の人々が大内氏に訴えたのである。大内氏は厳島神社に受領するよう指示するが、似たような紛争は各地で起こった。大内氏にしてからが、一五一五年に豊前の臣下にあてた書状において、貸した金の利子は精銭で受領するように、と指示している。大内氏自身が安芸、石見、土佐といった遠めの地域から木材を買おうとしたら精銭でなければ取引が成り立たないからだという（本多博之『戦国織豊期の貨幣と石高制』）。基準銭たる精銭は地域間決済に有効であったため、年貢公租を受領する領主たちは精銭での受領に固執する。

しかしそれでは、近場の定期市での取引で得た通用銭たる並銭で日々の暮らしをたてている現場の人々と折り合いがつかない。そこで並銭を精銭に換算する比率を双方の交渉により定めることで紛争を回避するようになる。一五一四年、豊前の宇佐八幡宮はある氏子から二〇〇〇枚の並銭を受け取るが、神社側はそれを五〇〇文の精銭として受領していた。この換算比率は地域により、また時期により異なった。場合によっては異なる換算比率が併存する場合もあった。佐波《さば》地域のこの神社へのある奉納は、四万五〇〇〇枚の並銭を納めたものの、神社側はそのうち三万六〇〇〇枚を六〇〇〇枚の古銭に、九〇〇〇枚を二二五〇枚の古銭に換算している。同じ奉納において神社側は、並銭六枚＝古銭一枚の比率と並銭四枚＝古銭一枚の比率を使いわけたのである（本多博之『戦国織豊期の貨幣と石高制』）。

さて最後の事例では「古銭」と記されているように、基準銭として年貢公租支払い、地域間決済、そして土地売買などに使われる精銭とは、他ならぬ中国古銭のことであった。一五四五年に京都の東福寺は年貢を納める各荘園に対し、古銭のみを受領し、新銭やその他の銭は拒否するとの指令を発している。ただし、より的確には、当事者たちが「古銭」とみなしたもの、ということで、実際には模造古銭も含まれていたであろう。だからこそ、見かけを基準とする撰銭が社会問題となった。福建の新銭も、三〇年も置いておけば緑青を帯びはじめ、古銭らしくなったかもしれない。いずれにしろ、何を精銭とし、何をそれ以外の、たとえば並銭とするかは、絶対的な基準によったわけではなく、現場の合意によった。

古銭の過高評価

ここでまた、大和の河上荘の土地取引を見てみよう(第二章参照)。一三七八年から一五三六年までになされた三五件の取引はすべて銭建てで、米建ては消え去ってしまった(鈴木鋭彦『鎌倉時代畿内土地所有の研究』)。これらの取引は通用銭ではなく基準銭、すなわち古銭で建てられていたと考えられる。実際の支払いには現場の換算比率にしたがって通用銭が渡されたことも十分に考えられるが。

こうした基準銭と通用銭の二重構造を念頭に、ふたたび東寺関連文書に記録された米価を見てみよう(表7)。東寺自身が自らの所領に対して悪銭が年貢支払いの時に混ざらないように通達しているし、同じ京都の東福寺も年貢は古銭のみしか受領しないとしているのだから、これらの米価とは古銭建てのものであったに違いない。中国への銅輸出が本格化したと推察される一四六〇年代以降、古銭建て米価は低落をはじめているが、ことに撰銭問題が深刻化した時期から低落がさらにつづく。この表は一見米価が低落したことを示しているように見えるが、逆から見ると、これらの数値の趨勢は、古銭の評価が高まっている、というように読みとることができる。

一四世紀から一五世紀前半までの東寺の米価は、同時代の硫化銅製錬の開始による銅生産の発達を考慮すると、列島内での銅銭の金属価値を反映したものといえるが、一五世紀後半から一六世紀にかけてのそれは、米価を建てている古銭の相場が、銅銭の素材価値をはるかに上回ったものとなっていると見てよい。『籌海図編』に記す古銭一〇〇〇枚＝銀四両、新銭一〇〇〇枚＝銀一両二銭、の相場を援用するなら、金属価値を代表しているのは新銭の相場の方であろう。そうだとすると、古銭の方の相場は、古銭が金属価値を三倍以上上回るかなりの過高評価をされていたことを示す。

この古銭を過高評価して通用銭と差別化し、不動産売買、地域間決済、納税、そして蓄財手段として特殊化するのは、日本列島内だけの現象ではなかったようである。先に紹介した福建北部の莆田県では正徳年間（一五〇六―一五二一）までは銀一両＝宋銭六〇〇文の相場であったのが、その後銀一両＝宋銭三三三文にまで相場が上がったとされている。その後のおよそ一〇〇年間の経緯はわからないが、一七世紀後半の康熙年間（一六六二―一七二二）、莆田県では富家が宋銭を蓄財手段として貯め込む習慣があり、当時の康熙銭の三倍の相場に評価されていたとされるから、明清交替の動乱をはさんでこの商慣行は存続したことになる。ただし留意しておくべきは、宋銭そのものに何か特別な価値が存在していたわけではないということである。同県では、ひとたび共有されていた宋銭への評価が揺らいだ後、資産として蓄財するのは宋銭から特殊な様態の万暦銭に慣行を変えている（陳鴻・陳邦賢「熙朝莆靖小記」）。要は、状況に依存して、地域の人々が蓄財手段と日常の媒介手段を何にするかの合意を変えていた、ということである。価値を与えているのは通貨そのものではなく、それを行使する人々の合意であった。だからこそ地域ごとの撰銭が実効性を持ったし、その実効性ゆえに、個別の地域を超えて領域を支配する権力は何らかの対応をとらざるをえなかったのである。

日本における一五世紀後半からの古銭の過高評価は、精銭建ての年貢を収受する領主たちの資産を保全し、室町期の地頭御家人役賦課体制を存続させる役割をはたしたことであろう。川岡勉が主張したように、戦国大名たちはその賦課体制を継承しつつも、分国内のすべての所領を統一的に管理するための知行表示システムとして貫高制《かんだかせい》を築き上げた。個別の所領のレベルで通用銭が独自に流通している状況において、戦国大名にとっては、分国全体に通用する基準銭を単位とする賦課と知行の体制としての貫高制を創設することが不可欠なのであった（川岡勉「中世後期の貫高制と「石高制」」）。

多層化する環シナ海の銭貨

新銭が出回りはじめた一六世紀初頭、古銭との交換比率は中国大陸で一対二あるいは一対三、日本列島で一対一・五から一対四という現れ方をしていた。後者の方により幅があるのは、エンドユーザーに近い水準で史料が残されているからで、どちらも似たような比率で二階層に銭貨の差別化をしていたと考えてよいだろう。しかし時代が下るにつれてさらに多層化し、交換比率の幅も広がっていく。一五五四年、『明実録』(世宗巻四〇八)は銅銭の相場を上中下三階層に分けて、銀一両=上銭七〇〇文、中銭三〇〇〇—四〇〇〇文、下銭六〇〇〇—七〇〇〇文との記事を載せている。それぞれの銭の特徴についての情報はないが、模造古銭においてすらも現場での質の評価が分かれ、階層化していたことは、先の『漳浦県志』や『江浦県志』の記述にあったとおりである。

交換の現場での銭評価の多層化は同時代の日本列島内でも進行していた。東福寺の所領であった周防国得地保《とくじほ》の一五五九年の帳簿では、精銭と「新銭」そして「南京」のやはり三種の銭種が一対三対一〇の割合で記帳されている(本多博之『戦国織豊期の貨幣と石高制』)。それに先立つ一五五五年、甲斐の都留郡に「南金」という銭が流入して撰銭を引き起こした、とされるから、新銭よりも低い階層の銭が東国にも広がっていたのであろう(中島圭一「撰銭再考」)。だが、階層化はさらに度を増していく。千枝大志は、伊勢大湊《おおみなと》の商人たちの一五六〇年の帳簿において銭が少なくとも五階層に分類され、一対一・五対三対八対一〇の換算比率で記帳されていたことを発見した(千枝大志『中近世伊勢神宮地域の貨幣と商業組織』)。ほどなくして一五六八年に織田信長が上洛し、翌一五六九年に京都市中の銅銭交換比率を一対二対五対一〇の四階層に定める指令を出す。しかし交換の現場ではそれ以上の銭貨の多層化が進んでいたわけである。

この東シナ海をまたいだ銭貨流通の変化の同調性は、先に述べた、福建南部をハブとする模造古銭の非公式貿易ネットワークによる流通の産物とみなすことができる。上述の信長の一五六九年の布告は三度にわたり発布されるが、最後の四月一二日発のものは冒頭の項目として米遣い売買の禁止をかかげている。一三世紀以降、銭遣いの売買が列島内各地に浸透しつづけてきたのだが、ふたたび米の貨幣使用が急激に現れ、為政者をして禁令を発せざるをえないような変化が日本列島に現れていたのである。

第四章　ビタ銭の時代――一五七〇年代以降の日本列島

倭寇の終焉

日本では福建龍渓で私鋳され売り込まれてくる銭の真偽をかまいもしない、と鄭舜功が回顧したのは、一五五六年から一五五七年にかけて倭寇の背景を調査するために日本を訪れた時のことであったが、その後事態は急変する。一五五七年、胡宗憲は彼と同郷とされる倭寇の領袖王直を懐柔したのちに捕らえ、一五六四年二月には将軍戚継光《せきけいこう》が漳州にほど近い仙游《せんゆう》と同安《どうあん》での戦いで倭寇を大いに破り、以後福建は平らかになったとされる。さらに同年三月以降、広東方面でも明軍は決定的な勝利をおさめ、一五六五年以降、倭寇の勢いは失われる。明側からは、倭寇の被害がひどかったのは一五四九年から一五六四年までであったとされる（徐映璞『両浙史事叢編』）。直接的に関連を明らかにした史料は見当たらないものの、それまでの「新銭」とは別に「南京」あるいは「南金」などの呼称の銭が日本列島に出回り、東シナ海沿岸で模造古銭流通の多層化が最も進んだ時期と重なる。中国からの漂流者に関する一五四四年の朝鮮王朝の史料は「福建乃ち南京也」と記し、福建人が南京から来たとよそおっていたことを示唆する(『李朝実録』中宗巻一〇三)。「南京」という銭種の呼称とも関係があるのかもしれない。

一五六七年、明政府は倭寇の拠点であった龍渓県から一部を分離して海澄県《かいちょう》を設置し、長年の海禁政策を緩め南シナ海方面との交易を認める。一方「東洋」すなわち日本との貿易や、鉄・銅や硫黄といった物資を扱うことの禁止は維持した。明の圧迫・懐柔両面の政策転換を受け、福建・広東の非公式貿易集団はネットワークのハブを中国本土から東南アジアへ南下させ、それに伴い日本の商人たちも取引の中心をルソンやコーチシナにやはり南下させ、いわゆる「出会貿易《であいぼうえき》」が展開する。日本側が銀を持ち込み、中国側が絹や生糸を売るという、双方にとって最も利ザヤの大きい取引はさらに発展する。桃山・江戸初期の遺構から漳州窯の陶磁器が盛んに出土するように、ベトナムなどを経由した形ではあるが、西日本と福建との交易はやがて復活したと考えられる(荘景輝『泉州港考古与海外交通史研究』)。東南アジアでの沈没船遺構は、万暦(一五七三―一六二〇)以降青白磁《せいはくじ》など中国製陶磁器の輸出が復活したことを示している(施静菲「陶瓷資料庫的拼図」)。後述するように、ベトナムでの中国古銭選好はさらにつづき、南シナ海を越えた模造古銭輸出はつづいたに違いない。一方で、積極的な鋳銭政策に転換した明は一五七六年に万暦通宝の鋳造を開始するが、万暦銭はジャワにまで持ち込まれたようで、ちょうどインドネシア支配をはじめたオランダ東インド会社の乗組員が、現地で「チエン」と呼ばれていた万暦銭のスケッチを残している（第五章図9参照）。しかし、対照的に日本の同時代の遺構から万暦銭が出土することはきわめてまれである（黒田明伸『貨幣システムの世界史』）。

このように、主たる交易ルートの南下は、すぐに東・南シナ海を渡る銅銭の流出入に大きな変化をもたらした可能性が高い。第三章までに確認した内容をふまえると、福建との直接交易の切断により、錫供給がない日本列島では一五六〇年代後半から銭銘の明瞭な模造古銭を追加して供給することが困難になったはずなのである。

撰銭令の変化

第三章の最後にふれた織田信長が上洛後の一五六九年に発した撰銭関連の布告はよく知られているが、それに先立つ一五六六年にも畿内でいくつかの撰銭禁令が発せられている。奈良の興福寺の僧侶たちが書き綴った『多聞院日記《たもんいんにっき》』は身辺の日常のことを記し、貨幣使用の変化を知ることができる貴重な資料であるが、一五六六年初頭、興福寺が「新銭、ワレカケ、コロコロ（洪武）、宣徳、ウラに字のある、文字不見」などの撰銭を認めて、それ以外の撰銭を禁止する布告を出したところ、「売買が一向に成らず」となったと記している。つづいて同年春に、三好三人衆が足利義栄《あしかがよしひで》を将軍に擁立しようとして上洛した時にも撰銭禁令が発布されている。宣徳、新銭、洪武、割れ銭などは選び抜いてよいが、それ以外は受領せよ、と。興福寺の禁令とほぼ重なる。さらに同じ年の秋、近江で浅井氏が撰銭禁令を出すが、これはワレと文字なしのみ撰銭を認める、というかなり限定された禁令となっている。

興福寺などの収租権者側の都合だけを考えるならば、第三章で紹介した東福寺のように年貢の受け取りは古銭のみ、と通知するだけでよさそうだが、おそらく古銭の出回りの減少が激しく、領内の取引一般が収縮するのを防ぐため、撰銭行為を制限して古銭とみなされる銭貨の量を維持しようとしたのであろう。しかし、実際の取引はすでに新銭によるところが大きく、新銭も含めた使用禁止は現実を無視したものであったため売買を抑制することになってしまったと考えられる。そうしたことから、浅井氏にいたっては銭銘と周郭があれば使用してよい、ということになったのかもしれない。

一五六九年の信長の撰銭令は、撰銭を禁止するよりも、撰ぶ際に一定の比率を与えて取引に組み込もうとしたことに特色がある。ただし、既述の伊勢大湊の事例のように、実際には現場の商人たちはすでに複数比率をもって銭貨の多層化処理をおこなっており、信長の令はそれを公定化しようとしたものであった。これも既述の東福寺の場合と同じく、「南京」が精銭の一〇分の一の価値に指定されていることからも、現状追認であったことがわかる。桜井英治が強調したように、撰銭の対象として認めていたものを逆に組み込もうとしたことに信長撰銭令の画期性があったといえる(桜井英治「銭貨のダイナミズム」)。そうでもしないと、銭を使って売買をするという慣習が崩れかねない変動が生じていたからである。

米遣いの復活

日本列島では一二世紀まで、取引には米か絹が用いられ、一三世紀になって銭建て取引が広がっていったことはすでに述べた。浦長瀬隆は、一六世紀後半になって畿内とその周辺で取引が銭建てから米建てへふたたび転換することを発見した。転換は多くの地域で一五六六年ないしは一五六七年にはじまっている(浦長瀬隆『中近世日本貨幣流通史』)。そうして一五六九年、『多聞院日記』には米建てでの売買の記述が頻繁に記されるようになる。同年の信長の撰銭令のうち最後の四月一二日の発令(米遣い売買の禁止)は、そうした急激な変化による取引の動揺を抑えるために出されたものに違いない。一五六八年に五万から八万といわれる空前の大軍を率いて上洛した信長にとって、銭遣いの維持はきわめて肝要なことであった。当時の京都の人口は二〇万以下であったのに五―八万の消費人口が外から来て駐留したのであるから、食料確保が深刻化したことは疑いない。

藤井譲治が着目したように、一連の信長の撰銭令はことさらに、一文から使用する小額売買のための銭貨、まさしく原子通貨の授受を維持することに重きをおいていた。自分たちの地元で流通していた通用銭を持ち込んだに違いない兵士たちが、食料を購入できるように条件を整えないと、駐留をつづけることが危うくなるからである。数万の兵士が米を買わねばならないのに、米で支払わないといけないのであればいかんともしがたい。だからこそ、米での売買を禁止したのである。信長自身が、この上洛に際し、精銭たる古銭ではなく通用銭を持ち込んだであろうことは間違いない。なぜなら、征夷大将軍任命の儀式のための足利義昭《あしかがよしあき》の礼服を調達する時に支払うべき精銭一〇〇〇文を「悪物」一五〇〇文で支払っているし、正親町《おおぎまち》天皇の子、誠仁《さねひと》の親王任命儀式のための費用として三〇〇貫を献上する時も「悪物」であったため七掛けの評価をされたと史料が記すからである(藤井譲治「織田信長の撰銭令とその歴史的位置」)。逆にいうと、この時期いかに精銭を確保することがむずかしくなっていたかを如実に示している。

取引の現場でいかなる変化が起こっていたかを示唆するのが、この時期に現れた「百文別二斗」による支払いである。実際の相場とは離れて、精銭一〇〇文分の価格を米二斗という固定レートで支払う慣行である。これはけっして特異な現象ではない。支配的に計算単位として使用されてきた通貨の供給が何らかの理由で急減した時、その不在貨幣を帳簿上の単位としては維持しつつ、実際には別の手段で支払うのは世界の貨幣史において頻繁に現れた現象である。日本経済史では「空位化」、西欧経済史では「幽霊貨幣」などとそれぞれになじみの独特の用語があるが、基本的に同じ現象である。一五七〇年前後の畿内とその周辺において起こったことの特徴は、精銭たる古銭を代替した手段が、かつて土地取引を媒介する機能をはたしていた米であったということである。もっぱら小口の取引を担っていた新銭では代役はつとまらなかった。

「百文別二斗」による商品取引は一五六八年に現れ一五七七年以降は消え失せるから（浦長瀬隆『中近世日本貨幣流通史』）、精銭の出回りが急速に減少した時期の応急対策として現場の取引者たちが編み出した方策であったに違いない。桜井英治が着目したように、十二支で未の歳にあたる元亀二年（一五七一）の米相場である一〇〇文＝米二斗が、「未《ひつじ》のワシ（和市）」として後々まで人々に記憶されたというから、この精銭建て米支払いの慣行が急速に広がったのが一五七一年あたりだったのであろう（桜井英治『交換・権力・文化』）。翌年の京都大徳寺の帳簿において、実際の支出の多くは米をもって支払われ、銭での支払いは限定的であった、ということとも符合する（田中浩司「一六世紀後期の京都大徳寺の帳簿史料からみた金・銀・米・銭の流通と機能」）。

なお、世界史を見ると、それまで支配的であった通貨の供給が動揺した時に穀物が取引の単位として現れるのはけっして稀有なことではない。安徽の徽州に残る土地売買文書も、紙幣建て契約が主であった一四〇二年から銀建てがはっきり主となる一四四六年までの間において、米建て契約が主となっている（劉和恵・張愛琴「明代徽州田契研究」）。既述のように、当該時期の中国においては銅銭の追加供給が事実上なくなってしまい、他に代替する通貨の供給もなかった。一五七〇年前後の畿内とその周辺における米建て取引の復活はけっして孤立した現象ではない。

精銭の空位化

これまで畿内を中心に一五六〇年代末から一五七〇年代初めにかけての貨幣使用に関わる変化について述べてきた。ごく短期間に銭建て取引が米建てに置き換わったのがその特徴である。まさしく同じ時期、日本列島各地においても貨幣使用あるいは納税に関してさまざまな形で変化が起きていた。

まず確認しておくべきは、精銭の機能を代替した手段は米だけではなかったということである。一五六九年の越前の二上国衙《ふたがみこくが》では、実際には農民たちから年貢を米と悪銭で受け取り、それらを米一石＝銭一貫八〇〇文と悪銭三文＝精銭一文の比価で精銭に換算したうえで、精銭二貫＝綿花一把の比価にて代理人が調達した綿を納入している（稲吉昭彦「中世後期における「撰銭」の実態」）。畿内での変化において、米ほどではないが使用頻度が上がったのが金であった。伊勢神宮周辺の不動産売買の支払い手段を見ると、それまではほとんど銭建てで契約されていたのに、一五七三年から金建てのそれが目立つようになる（千枝大志『中近世伊勢神宮地域の貨幣と商業組織』)。ただし銀建ての不動産売買が現れるのは一五九四年を待たねばならない。すでに世界有数の銀生産地域となっていながら、銀は輸出されるばかりで列島内で貨幣としての使用が普及するのは遅れる。その最大の銀鉱山たる石見銀山を領有したのが毛利氏であるが、厳島神社に銀が流通しはじめるのは、一五七一年のことである(本多博之『戦国織豊期の貨幣と石高制』)。

東に目を転じると、それまで「四五十色」の精銭で段銭を納めさせていた北条氏が、一五六六年から一五六八年にかけて事実上米納に変更し、さらに一五六九年には米の代替手段として金と並んで永楽銭を指定する事例が現れ、以後永楽銭は頻繁に北条氏の行財政業務において現れる。その永楽銭で指定される基準賦課の額、すなわち「永高《えいだか》」は精銭による貫高の二分の一に設定されていたから、永楽銭を精銭の二倍の価値を持つ超精銭と位置づけたことになる。永高は、単に永楽銭がそれまでの精銭に置き換わったのではなく、北条氏領内の知行と賦課を統一的に表示する新しい記帳単位の創設を意味した(佐脇栄智『後北条氏の基礎研究』)。

以上のように、それぞれ精銭を代替する手段が地域によって異なったのであるが、一五六〇年代末から一五七〇年代初めにかけて、列島各地に時を同じくして起こったのは、すなわちそれまで大口取引や納税を支えてきた精銭たる中国古銭の流通からの退場であった。代替支払い手段が米以外にもあったという事実は、一連の変動が、米の重要性が増したことで引き起こされたものではなかったことを物語る。精銭は架空の記帳単位としてしばらく存続する場合もあったが、やがて新しい通貨にとってかわられる。

ビタ銭の登場

上述の『多聞院日記』における奈良の市中の取引の変化とほぼ並行しながらも、伊勢大湊の商人たちの帳簿は新しい変化を明確に示す。一五七二年、はじめて「ビタ」で表示された米価が現れる。この時、ビタ一〇〇文＝米一七合とされ、一方この地域の基準銭である永楽銭建てでは一〇〇文＝米一二〇合とされていたから、「ビタ」と表示されたビタ銭の値打ちは永楽銭の七分の一しかなかったことになる。当時、伊勢の帳簿は基本的にはこの事例のように銭種を示すことはなく、いいかえれば、記帳単位は基準銭たる精銭であることが暗黙の合意であった。ところが一五七八年を境に、ビタと付記する事例が支配的になり、一五八二年を境にそのビタ表示が消滅してしまう（千枝大志『中近世伊勢神宮地域の貨幣と商業組織』）。わざわざ付記する必要がないほどビタ銭が普及したということであろう。

同じ一五七八年に『多聞院日記』でも精銭ではなくビタ銭で建てた米価が現れ、以降ビタ銭での相場表示が標準となる。その年の米価は、精銭建てであった一五六九年の米価の数倍である。一五七二年の伊勢でビタ銭の相場が永楽銭の七分の一であったことと考え合わせると、基準銭たる精銭が消滅したことで、物価を建てる基準が精銭からビタ銭に変換したと考えてよい。ここで表7の東寺関連の米価の趨勢をあらためて見てみよう。一見一五世紀後半から一六世紀にかけて銭建て米価が低落しつづけているように見える。しかし、第三章で指摘したように、この米価は基準銭たる精銭で一貫して建てられたものである。一方で、この時期には基準銭とは差別化された通用銭で各地の現場の取引は媒介されるようになっていた。一貫した通用銭建ての米価動向は見つからないが、通用銭の基準銭に対する比率が一六世紀後半にかけて拡大する傾向にあることを考えると、通用銭で建てられていた基層での物価は基準銭で建てられたそれの数倍で、かつ低下どころかむしろ上昇傾向にあったとも思われる。一五七八年以降に帳簿に現れるビタ銭米価は、突然銭建て米価が急騰したのではなく、基準銭建て米価に隠れていたそれまでの通用銭建て米価が、基準銭たる精銭の消滅により表舞台に登場したものだといえよう。

畿内とその周辺のみならず、ビタ銭の使用は一五七〇年代後半から肥前、土佐など各地に広まっていった。土佐における伊勢神宮へ納める初穂料《はつほりょう》の帳簿には、一五七四年まで銭種が記されることはなく、精銭で納められていたものと考えられている。ところが、一五七六年にはじめてビタ銭と悪銭の記載が現れる（千枝大志「中世後期の貨幣と流通」）。ビタ銭は精銭でもなく悪銭でもなく、次善のいわば「次銭」というカテゴリーとして設定されていたことがわかる。一五八〇年代を通してビタ銭建ての米価表示はさらに広まっていき、それとともに米建ての取引も消えはじめる。さらに一五九〇年以降になると『多聞院日記』でもビタの記載が見られなくなる。特記する必要がないほど標準化したからに違いない。

列島産新銭としてのビタ銭

鐚銭《びたせん》とはふつう、粗悪な銭を意味する。しかし、ここに言うビタ銭が基準銭たりえないそうした銭全般を指すのだとしたら、複数の鐚銭が同時並行に流通している状況下では、現場の取引者たちもそれら鐚銭どうしを差別化していただろう。既述の伊勢大湊の事例のように、実際いくつもの銭種が帳簿に現れ、商人たちはそれらに別々の相場を付していた。しかし、『多聞院日記』に現れるビタ銭は、そのビタ銭建ての米相場の動向から、ただ一つの銭カテゴリーであることが明らかであった(毛利一憲「ビタ銭の価値変動に関する研究」)。精銭が何十もの銭種を統括したカテゴリーであったように、ビタ銭も同様のものであったのだろう。

越前の朝倉氏が織田信長に滅ぼされ柴田勝家が支配した一五七九年、越前では年貢の支払いに「次銭」を受け取るようになり、その価値は基準銭の三分の一と設定されていた。既述の同じ越前の二上国衙の一五六九年における年貢支払いの事例において「悪銭」が精銭のやはり三分の一の価値で受領されていたから、「次銭」は二上国衙における「悪銭」と同じカテゴリーの通用銭だったのであろう。基準銭として機能していた中国古銭の出回りが急減するなか、畿内各地では基準銭と一定の割合をもって比定された、特定の新しいカテゴリーの通用銭が使用されはじめていたのである。第三章に紹介した東福寺領の周防国得地保の精銭と新銭の比価がやはり三対一と同じであったから、これら「新銭」「悪銭」「次銭」は同じ位置づけのものであったことを示唆する。ただし、一五七九年の越前の「次銭」は、福建製模造古銭であったろう周防の「新銭」とはもはや異なる出自であった可能性がある。

というのも、羽柴秀吉が長浜を支配していた一五八四年、「新鋳銭の事」と題し模造古銭を新たに製造することを禁止する法令を長浜市中に出しているからである（『大日本史料』一一―八）。禁令を発出せざるをえないほど、すでに日本国内でも新しい模造古銭鋳造が盛んにおこなわれていたのであろう。このころの模造古銭鋳造の実態を最も明示しているのが、堺市埋蔵文化財センターが発掘調査した模造古銭遺構である。表8の鈴木公雄による列島内出土銭の銭種の上位一〇種をふたたび見てみよう。堺の模造古銭遺構からは、この一〇種のうち永楽銭と皇宋通宝を除く、残り八種すべての銭種の銭鋳型が発見されている。重要なのは、同遺跡から出土した銅銭の金属組成はほとんど純銅であったということである（嶋谷和彦「堺の模鋳銭と成分分析」）。第三章で述べたように、錫を含まない純銅の銭の銭銘は不明瞭とならざるをえず、現場の取引者たちにとっては、錫を含んで銭銘がはっきりした銭との差別化が容易であった。しかし一五六〇年代後半、中国からの輸入による銅銭の追加供給が止まったことにより、もはや精銭は帳簿上の架空の単位となってしまい、やむをえず「百文別二斗」のような便法を講じて米支払いで代替したのだが、一五七〇年代後半にいたると、ようやく列島内で模造古銭が増産される。そうした銭の中で見栄えの良いものがビタ銭として、市中の取引需要にこたえるまでにいたったのだろう。そうして一五八〇年代には、もはやビタ銭が記帳の単位としても支払い手段としても名実ともに主要通貨となり、基準銭たる精銭を架空単位としてとどめておいた慣行も消えてしまう。桜井英治はこの変化を「銭の下剋上」と表現した（桜井英治「銭貨のダイナミズム」）。

こうしたビタ銭の地位向上を象徴的に示しているのは、他地域に赴く際に渡される路銭としてわざわざビタ銭が指定される事例が現れてくることである。一五九〇年、小田原攻めの徳川家康軍は兵糧一升ごとにビタ銭一〇〇文ずつを支給されたというし、一五九二年の下総において家康の代官大久保《おおくぼ》長安《ながやす》らが朝鮮侵攻に従軍する人夫の路銭としてビタ銭五貫を集めるよう村々に指令した、とされる（藤井譲治「織田信長の撰銭令とその歴史的位置」）。列島産の新模造古銭であるビタ銭は、「国の料足」としてのみ通用する現地通貨ではなく、かつての精銭と同じく地域間決済手段としての受領性を具備した存在として認知されるようになっていた。

貫高制から石高制へ

一五世紀末から一六世紀にかけての日本列島において、基準銭と通用銭で異なる価格形成がおこなわれていたということが、これまでの研究ではほとんど見過ごされてきた。そのため、一貫性のある東寺関連の米価動向などによって、一六世紀は価格下落の時代であったと考えられてきた。経済学者山村耕造は、戦国期の日本はデフレに苦しんでおり、だからこそ織田信長以降の統一政権は米の貨幣的機能をもってそのデフレ圧力を緩和しようとしたと論じた。織田政権が導入し、やがて徳川体制のもとで全国化する石高制《こくだかせい》とは、支配者が収租権である知行を確定し家臣に割り振る際に、従来の銭建て(貫高制)に代わって米建てで資産評価をおこなうシステムだが、その石高制の成立を流動性不足に対する為政者の方策と位置づけたのである(K. Yamamura, 'From Coins to Rice')。

しかし、東寺の米価は基準銭たる精銭で建てられたものである。一方で、日蓮宗僧侶たちによる『常在寺衆中記《じょうざいじしゅちゅうき》』にも、一五世紀末から一六世紀にかけての甲斐の都留《つる》郡における銭建て穀物価格が記録されている。東寺をはじめとする畿内でのそれと比べて非常に高く、かつ一六世紀後半の価格は畿内におけるビタ銭建てでの価格と近いことから、基本的には通用銭建てで記しているのだと思われる(桜井英治「中世における物価の特性と消費者行動」)。過高評価された基準銭と違い、通用銭の価値は低減した銅生産費用を反映していたと考えられるから、その通用銭で建てられた穀物の価格が高くなるのは当然のことである。都留郡の価格動向は、一五世紀末以降の基層の取引において穀物価格はそれほど下落傾向にはなかったことを示す。また、畿内などにおいて、全般的に取引が米遣いに転換しているように見える時期もあるが、しかし日常の小売りなどにおいて銭遣いはむしろ存続していたといってよく、銭遣いが消えるのは不動産売買、高額の為替の取り組みなどにおいてであった。石高制の成立の意味を考える時も、この通貨の多層性を考慮しなければならない。

福建と西日本を結ぶ直接非公式貿易が途絶えたと思われる一五六〇年代半ばから、日本列島内鋳造の新しい模造古銭であるビタ銭が、商人が帳簿に記入する時にビタと付記する必要がないほど普及するのに少なくとも一〇年、長ければ二〇年以上はかかった。その間に一方で進行したのが、戦国末期を迎えた大名たちによる検地と知行の統一化である。織田信長の場合、本拠である尾張では存命中一貫して銭建てで知行の給付をおこなっており、占領した美濃においても一五六四年を初見としてやはり銭建てで知行給付をおこなっていた。ところが、上洛をはたした後の一五六八年一一月二四日になって、近江南部において米建てで知行の給付をおこなっているのである(高木久史『日本中世貨幣史論』)。上述のように織田政権は一五六九年四月一二日の京都での撰銭令において売買における米遣いを禁止したのであるが、資産を評価して分配する場合には、精銭で建てるのはすでにむずかしくなっていたのであろう。

当時日本は世界有数の銀生産地であったが、列島内の銀の貨幣使用が本格化するのは上述のように一六世紀末からである。京都の相国寺《しょうこくじ》の僧たちが記した『鹿苑日録《ろくおんにちろく》』によれば、銀での売買が普及してくるのは一五九〇年代後半を待たねばならない（川戸貴史『中近世日本の貨幣流通秩序』）。国産模造古銭が出回りはじめたものの、収租権を確定し分配する手段として十分な認知を得るにはほど遠い。最も安定した支払い手段は、貨幣機能を持った米をおいてほかになかった。一五七五年、織田信長は畿内とその周辺の支配地を家臣たちに分配する時に米建てでおこなっている。

柴田勝家が支配した越前町の事例を高木久史の研究により見てみよう。一五七五年、柴田勝家は信長から越前北庄《きたのしょう》の支配をまかされるのだが、翌一五七六年の年貢納入のためにおこなわれた村の資産評価はまだ米建てにはなっていない。しかし一五七七年には越前全体で検地を実施し、田方を米、畠方を銭で小計し、畠方の銭年貢高を三貫＝一石で米に換算し、米建て合算額を村に村高《むらだか》として割り振るという措置をおこなった。上述のように一五七九年には年貢の受け取りが精銭の三分の一の価値である「次銭」でおこなわれ、そしてその「次銭」の記述は一五八八年を最後に見えなくなる。越前では一五八〇年代末になって日本製模造古銭＝ビタ銭が十分に認知されたため、もはや追記する必要がなくなったのであろう（高木久史「信長・秀吉の時代の織田」）。

第三章でふれたように、戦国大名にとって貫高とは、分国内の収租権に互換性をもたせて分配管理するためのシステムであり、その単位が精銭＝中国古銭であったから貫で多寡が示されたわけである。個々の所領からの年貢が必ずしも精銭で納められていなくとも、それで統一的に評価することに意味があった。しかし古銭の流通の実態がなくなってきた時、大名たちは領国全体の資産分配に適した新しい単位に改めなければならなかった。検地を進めて、新たに村の資産額とそれに基づく年貢額を確定していった一五七〇年代後半から一五八〇年代、流通の実態のなくなった精銭でも、出回りはじめたがまだ「次銭」の位置づけにとどまる日本製模造古銭でも、実践的な年貢徴収に直結する資産額を確定するのには不都合であった。

日本列島すべてが織豊期に米建てで年貢額を確定したわけではない。川戸貴史が明らかにしたように、豊臣政権下の一五九〇年代の会津では、永楽銭を単位として検地と知行整理をおこなっていた。そこでは、永楽銭は当時の主要流通銭となっていたビタの三倍の価値を与えられていた。すでに述べたように、北条氏治下の関東において永楽銭は精銭の二倍の価値を与えられていたが、永楽銭過高評価の慣行はなお会津で存続していたわけである。一方で、この時期の会津の遺構からは永楽銭の出土はあるものの少数にとどまる（川戸貴史『中近世日本の貨幣流通秩序』）。これらのことは、永高（永楽銭基準賦課）が、実際の永楽銭による納付を前提としていたというより、通用銭よりも過高評価される単位として、賦課の目減りを防ぐ役割をはたしていたことを示唆する。

そもそも、安価になった銅から鋳造される通用銭が大量に流通しはじめた一五世紀後半以降、大名や寺院などの収租権保有者たちは、知行と賦課の単位を過高評価された基準銭たる精銭に定め、年貢収入が実質的に目減りすることを防いできた。それが貫高制の本質である。北条氏の場合がそうであったように、貫高制においても、実際の年貢納付は穀物現物でおこなわれていたものを精銭で換算したにすぎない場合が少なくなかった。一六世紀末から一七世紀初めまで東日本に存続した永高は、おそらくは畿内とその周辺ほどには中国古銭の実際の流通に依存していなかった地域において、領主たちが、基準銭として過高評価する対象を、別の銅銭すなわち永楽銭に置き換えて年貢収入の保持をはかった結果であったのかもしれない。

なお、中国地方の毛利氏は、一五八六年に当時領内で広く流通していた「南京銭」の使用を公認したうえで、翌一五八七年に検地を開始するに際し、年貢額確定には「鍛」(ちゃん)と呼ばれる別の銅銭を指定している。南京銭と鍛がそれぞれどのような銅銭であったかは明らかにされていない(本多博之『戦国織豊期の貨幣と石高制』)。しかし、南京銭と鍛の価値比率は三対一とされていたから、上述の同時代の会津における永高と似た制度であったとみなすこともできよう。

これら永高や鍛の事例からも示唆されるように、一六世紀末の日本に現れた石高制とは、米の重要性がことさらに増したからではなく、はたまた銅銭をはじめとする通貨一般が不足したからでもなく、精銭として扱われてきた中国古銭が知行と賦課の単位としての基準銭の役割をはたせなくなった結果として生じたものなのである。

公認されたビタ銭

『多聞院日記』では、一五八九年にビタ銭建ての米価は大きく下落する。言い換えるとビタ銭の価値が大きく上昇したわけである。一五九〇年代を通してビタ銭の米購買力は高いまま推移している。既述のように路銭としてことさらにビタ銭を給付されたのは、そうした現実を反映していたわけである。ただし、ビタ銭の受領性は地理的限界をまだ伴っていた。一六〇二年に江戸幕府が街道筋の運送の実態を調べた時に、保土ヶ谷《ほどや》から藤沢までは永楽銭で駄賃を払うが、藤沢から岡崎まではビタ銭で払う、という状態であった。この当時永楽銭に対してビタ銭は「六文立」であったとされる。永楽銭の六分の一の評価であったということであろう。江戸幕府が一六〇八年に定めて、金一両＝鐚銭(ビタ銭)四貫と固定相場を示し、かつ「向後永楽銭は一切取り扱うべからず」とし、ビタ銭をもっぱら使用するよう指示したのは、藤井譲治が指摘するように、街道筋の交通経費の統一化をはかった結果であろう。実際、一六一一年の板倉《いたくら》勝重《かつしげ》・大久保長安らによる駄賃定によると、かつては永楽銭払いであった江戸から品川までの駄賃を「京銭」すなわちビタ銭で定めている(藤井讓治「近世貨幣論」)。すでに独自の金小判を発行していた江戸幕府であるが、銅銭に関しては西日本を中心に広く市民権を得ていたビタ銭を追認し、膝元の関東の銭使用もそれにあわせて統合したことになる。次章で述べるように、一六三六年には自国年号を鋳込んだ寛永通宝《かんえいつうほう》を鋳造しはじめる江戸幕府であるが、成立当初、模造中国古銭が列島内の流通を支えていたことを問題として認識していたとは思われない。

一六一四年の大坂冬の陣の焼土層の上下の地層から出土した銅銭二九枚は、すべて日本製模造古銭と考えられている(櫻木晋一『貨幣考古学序説』)。埋蔵銭の内容がいわば当時の人々の貨幣のストックの構成を示すのに対し、大坂の城下町に残された個別出土の銭は当時の貨幣のフローの内容を示してくれている。たしかに精銭たる中国古銭の流通はすでに失われていたことが確認できる。ただし、一六〇八年の幕府の通告にしたがって列島内の銭貨流通がビタ銭に統一されたわけではけっしてない。一六二七年に京都で出版された吉田光由《よしだみつよし》による数学書『塵劫記《じんこうき》』には「ぜにうりかひの事」と題した巻がある。その最後の例題は「上ぜに一貫文に付、十七匁がへのさうば也。中ぜに一貫文に付、十五匁四分がへのさうば也」との条件を設定する。銭に上中下三階層があることを前提にして、それぞれ一七匁と一五匁四分と銀相場が異なる上銭と中銭を混ぜる場合についての計算が説明されている。実際、一六一八年の彦根藩の経理記録においては、上銭、中銭、下銭、と三種の銭が区別されて記録されている(高木久史「一七世紀第1四半期の彦根藩経理記録にみる三貨制度成立の一階梯」)。上銭とはビタ銭であることが明らかにされているが、ビタ銭より低く位置づけられる銅銭がまだ存在していた。入手できる銭が日本製模造古銭だけになっても、エンドユーザーのレベルではいまだに三階層に差別化しながら銭を使用していたことになる。

京都に残る銭相場の記録は、江戸幕府成立前後の一六〇二年頃まで一貫あたり銀六―七匁であったのが、幕府がビタ銭を公認した一六〇八年前後には一貫あたり銀一四―一五匁と上がっており、一六一〇年代には銀二〇匁と、かつての三倍の高値になっていることを示す(安国良一『日本近世貨幣史の研究』)。ビタ銭は京銭とも呼ばれ、路銭のような超地域的な使用もされるようになり、上銭として相場を上げながら、列島内の通貨使用の水平的な統合を進めていったことは間違いない。しかし、逆にいうと、ビタ銭の地位向上とともに、かつてビタ銭が担っていた日用遣いの通貨の機能を他の銭が担うようになった、ということでもあった。銭使用の垂直的な階層性は、本来の中国古銭が消え去ったあとも継続し、むしろより際立ってきさえする事態にもなっていた。

領国内の公式鋳銭

一六〇七年から一六一〇年にかけてのこととされるが、佐賀藩では「新銭」二〇〇〇貫を生産したので領内での「古銭」使用を停止させる布告をしている。この場合の「古銭」とはすでに広く流通していたビタ銭を含むのであろうから、上述のように江戸幕府がビタ銭使用を公認していこうとしていたちょうどそのころ、佐賀領内では逆に独自の銭貨使用を目指していたことになる（高木久史「中近世移行期九州北部の銭の流通と生産に関する若干の事例」）。

　このように独自の鋳銭を本格化していったのは佐賀藩ばかりではない。たとえば、萩藩は遅くとも一六一七年には領内産の銅を使って鋳銭を開始していて、一六三二年時点の銭有高は、国銭八八五五貫、銀銭三貫、京銭一〇一貫、河内銭九四貫、と記録されている。河内銭は阿武《あぶ》川《がわ》の「川内」すなわち現在の萩市の商人によって鋳造された銭との説があるものの、どのような銭であったかは不明であるのに対し、国銭は萩銭と呼ばれた藩銭のことであるに違いない。一六二二年に長崎から訪れた明人陳元贇《ちんげんぴん》が、長州では独自の銭が流通していると記しているのは、この萩銭のことであろう（伊東多三郎『近世史の研究』）。いずれにしろ、地域間決済手段として使用される京銭すなわちビタ銭に比して、はるかに多くの萩銭を保有していたのである。かつての「国の料足」「国銭」が現場の取引者たちの主導によって創られたものであったのに対し、この国銭は藩がイニシアチブをとって創り上げたまさしく領国の現地通貨であった。

　一六一〇年代に入ってからの萩藩の鋳銭開始には背景がある。すでに述べてきたように、日本列島内には銅産は豊富だが、錫産地は欠いていたため、良質な青銅銭を鋳造するには難があった。しかし領内の周防の根笠《ねがさ》の玖珂《くが》鉱山(現山口県岩国市)において、この時すでに錫採掘がはじまっていた。一六一〇年には現地からの年貢三五六六石として根笠山錫代銀《ねがさやますずだいぎん》が記録されているから、すでにそれ以前から根笠の錫生産は軌道に乗っていたのであろう。上述の一六〇七年の佐賀藩の鋳銭開始も関係しているかもしれない。さらに一六一四—一六一五年の大坂の陣に際し、萩藩は五万斤の錫を大坂方面に売りに出したとされる。この売り出しは失敗したようだが、錫生産がすでに相当な規模になっていたと見てよかろう(伊東多三郎『近世史の研究』)。一六一七年になって萩藩が、それまで流通していた民間鋳造の模造古銭を「悪銭」であるとしてその使用を禁止し、銅銭を公式鋳造しはじめたのは、豊富になった錫生産を活用して銭銘のはっきりした藩独自の銅銭を発行しようとしたためであったとみなしてよさそうである。

この国産錫の開発は、列島全体に模造古銭鋳造ブームの再来をもたらすきっかけとなる。

領国製古銭輸出

一六二四年、小倉藩の藩主細川忠興《ほそかわただおき》は藩の鋳造職人たちが試鋳した銅銭を吟味し、もっと古銭らしく古めかせよ、と鋳直しを命じたと伝えられる(川戸貴史『戦国期の貨幣と経済』)。その際、鉄を混ぜて外見を古めかすように試みたという。その小倉の黒崎城跡の遺構から、小倉藩の模造古銭が出土している。表10はその金属組成を示したものである。繰り返し述べてきたように、

表10　黒崎城跡遺構模造鋳銭の化学組成(％)

出土位置	銭銘	銅	鉛	錫	鉄	砒素
25区	祥符	60.2	4.28	0.06	18.9	19.8
25区	祥符	66.1	0.4	0.13	17.7	20.1
18区	永楽	78.0	0.02	0.09	10.7	
18区	元豊	81.5	4.39	2.47	5.18	9.2

出典：北九州市芸術文化振興財団埋蔵文化財調査室『黒崎城跡』11，2010年，118-120頁．数値は原典のまま．

青銅銭は通常銅・錫・鉛の合金で鋳造されるが、出土した模造古銭は異様に多くの鉄分を含んでいる。錫をほとんど含まない他の三例と比べ、若干ながら錫が含まれる一八区出土の元豊銭の鉄含有が少ないことは、鉄や砒素の混入は錫が不足している条件下において古銭らしさを鋳だす工夫だったのでは、と推測させる。どうやら細川忠興のこの逸話は本当のことだったようである。

先述の佐賀藩の例では新しい領国銭を鋳造するのに伴って既存の古銭の流通を停止させていたのに、なぜそこまでして小倉藩は古銭模倣にこだわったのか。実はこのころ細川氏は、コーチシナすなわちベトナム南部向けに古銭を輸出することを計画していた(武野要子『藩貿易史の研究』)。第三章でふれたように、ベトナムは従来から中国古銭に強く依存していたが、ここに来て特に日本からの模造古銭輸入を増大させていた。ベトナムに売り込むためには古銭らしい外観が必要だったのである。

福建製模造古銭の日本向け輸出が止まってからほぼ半世紀が経過し、今度はその逆方向に日本製模造古銭の東南アジア向け輸出がブームとなりつつあった。シナ海を越えた古銭もどきの流通の大逆転をもたらしたのは、中国大陸における銅銭使用の一大変化であった。

第五章　古銭の退場
——一七世紀以降の東アジア、自国通貨発行権力の始動

真鍮銭の登場

前章では、倭寇ネットワーク途絶による福建からの模造古銭供給停止が日本列島にもたらした変動について述べた。ここでふたたび中国大陸に目を向けてみよう。そこでは新しい通貨供給政策が試行されつつあった。

第三章で述べた一四八一年初頭の北京などでの撰銭禁止の後、いったんは模造古銭の流通は下火になったものの、取引における明銭の忌避は不可逆的に進行したようである。明政府においても、一四八九年に洪武・永楽・宣徳の各銭が中央・地方の各倉庫に山積みになっていて流通に資さないことが問題とされ、納税の時に半分を歴代の古銭、残り半分を洪武銭などで支払わせる、というような建議がなされている。やがて一五〇〇年になると、「新銭」といわれた

模造宋銭が北京に大量に流入し、市中の取引を支配しはじめる。その趨勢に対処してであろう、一五〇三年、明は弘治通宝の鋳造をおこなう。一四三六年の宣徳通宝以来、実に約七〇年ぶりの官銭鋳造であった。なにしろ久しぶりの正式鋳造であったため、当初は技術的にも困難に見舞われたようである。鋳銭部門の官僚であった許天錫《きょてんしゃく》の指摘によれば、初期の弘治銭には錫が含まれておらず、銭銘が不明瞭なものが少なくなかった。鋳銭技術が伝承されていないことを危惧した許は、私鋳の罪に問われ軍役に充てられている山東の者たちに鋳造の方法を伝承させるよう建議している(張瑞威「皇帝的銭包」)。実際、北京の首都博物館所蔵の弘治銭には、金属組成分析をおこなった同館所蔵の銅銭の中ではめずらしく、錫のないものが含まれているのは偶然ではないのかもしれない(周衛栄『中国古代銭幣合金成分研究』)。

模造古銭が跋扈するなか、戸部の長官もつとめた丘濬《きゅうしゅん》(一四二〇—一四九五)は、経世《けいせい》を論じた『大学衍義補《だいがくえんぎほ》』(巻二六)において、銅も惜しまず工賃も節約せず上等の銅銭を国家が鋳造して、それをもって私鋳銭を代替していく構想を示していた。弘治銭が当初は重量一銭七分(約六・五グラム)もある重いものであったのは、そうした構想と軌を一にするものであったといえる。結局最終的には重量一銭二分(約四・五グラム)に落ち着くが、それでも相当な良貨である。いずれにしろ、弘治帝の逝去(一五〇五年)もあり、弘治銭は短期間で鋳造を終えてしまう。そうしている間に、既述のように一五二〇年代中国における模造古銭鋳造はより盛んになる。

そうした私鋳銭の隆盛にあらがって一五二七年に鋳造が開始された嘉靖通宝は、中国史上はじめて亜鉛を合金素材として使用した真鍮銭であった。それまでの青銅銭とは見た目にも色が違っていたであろう。当初の嘉靖銭は、機器を使用してその一つ一つの縁の側辺を磨いていたようで、より際立った外観を持っていたに違いない。もっともそうした手間をかける経費が追い付かず、鋳造の現場を担う北京宝源局は「一条棍《いちじょうこん》」と俗に呼ばれた手磨きのものを発行するようになり、私鋳銭との区別があいまいになっていく。政府が自らの宝源局が製造した手抜きの一条棍の受領を拒むと、たちまち北京の商人たちは市場閉鎖にうってでた。結局、それ以上の混乱を回避するため政府も、「民の便」によるとして、一条棍を放任せざるをえなくなる（張瑞威「論法定貨幣的両個条件」）。当局が取引需要に応じた十分な量の通貨を供給できていない以上、取引者たちが現実に依存している通貨を拒否することはできなかった。なお、冶金学の視点から中国貨幣史を研究してきた周衛栄は、この時期の亜鉛混入を、最初から真鍮銭を鋳造しようと意図したものであるよりも偶然に材料として用いられたものであった、との見解を示している（周衛栄「我国古代黄銅鋳銭考略」）。実際、現存の嘉靖銭の亜鉛比率は、後の同じく真鍮銭である万暦銭と比べて、概して低くかつその比率にかなりばらつきがある。

ともかく一六世紀の明政府は、銅銭鋳造にきわめて消極的であった一五世紀と違い、官銭を投入して私鋳銭を駆逐しなければならないという立場をとっていた。ただし、現実に流通している私鋳銭と明らかに見かけが異なりかつ素材価値も高い官銭を投入することで模造を抑え込もう、という方策が主流となっていて、取引者たちの取引需要を満たすだけの十分な通貨を供給する、という発想はなかった。それゆえ、一六世紀半ばまでの明政府による鋳造額そのものは市場に影響を及ぼすにはほど遠かった。

銀代替のための鋳銭

一七世紀半ばの明清交替期の上海に生きた知識人葉夢珠《しょうむしゅ》は、その『閲世編《えっせいへん》』（巻七）の中で、「自分は崇禎（一六二八―一六四四）がはじまろうという時に生まれたが、流通していた新銭（崇禎銭）にはひとつとして佳いものはなかったけれど、嘉靖（一五二二―一五六六）、隆慶（一五六七―一五七二）両朝の銭は最も華美であった」と回顧している。時あたかも、既述のように、福建の倭寇ネットワーク拠点を制圧した直後である一五七〇年、明政府は嘉靖銭に劣らず精美な隆慶銭を鋳造した。「利少なく費多し」として嘉靖銭の鋳造が頓挫していたのに、ふたたび鋳造費用のかかる極上の官銭の鋳造を開始したのである。

同じ高規格な銅銭といっても、隆慶銭鋳造には嘉靖銭鋳造のころとは違った背景があった。それは東南沿岸部を通しての銀流入である。一五四〇年代から、倭寇ネットワークを通して日本産銀が絹などとの交換で大量に流れ込んできていたが、一五六七年の海禁部分解除にもうながされ、アカプルコ—マニラ航路を通した南米産銀がさらに東南沿岸部に押し寄せようとしていた。一四三六年の金花銀導入以降、明は銀建ての行財政制度を築いてきたが、民間での銀使用はそれほど普及していたわけではなかった。それが一六世紀中葉より急激に銀遣いが広まりはじめたのである。未曽有の量の銀の流入は、明の貨幣政策にも大きな影響を及ぼさざるをえなかった。

隆慶銭鋳造を主張したのは、他ならぬ、対倭寇戦争で指揮をとった譚綸《たんりん》であった。鋳造開始の前年、譚綸は、銅銭は銀の及ばないことをなす機能があるとして、採算を度外視して鋳造することを主張している。銀一万両分の銅銭を発行すれば、一万両分の銭が天下に行きわたりひいては富を増やす、と（『明実録』穆宗巻三五）。譚綸は同時に、地方政府に残す歳入分をそれまですべて銀で存留させてきたのを、銀六銭四の割合に変更することを提案している。銀使用が増加する趨勢にあらがって銅銭での支払いを奨励することを展望していたのである。翌一五七〇年、山西巡撫の靳学顔《きんがくがん》は、銅銭は官吏が不正をしたり商人が持ち運んだり金持ちが富を蓄えたりするのには不便だが、庶民にとってはそのような不便は縁遠く、庶民のために銅銭を鋳造すべきである、と譚綸につづく（『明実録』穆宗巻四二）。譚綸らの積極鋳銭論は、ただ単に丘濬らの良貨による私鋳銭駆逐論に沿っていただけではなく、急拡大する銀使用に対する対抗手段としての銅銭活用という点を含んでいた。

それまで銀に基づく財政運営を進めてきた明の官僚たちが、なぜここに来て民間での銀使用拡大に歯止めをかけようとしたのだろう。やや後のことになるが一五九三年、大臣の王錫爵《おうしゃくしゃく》は、江南の古老たちの言を引用し、凶作の時でも米価が下落して売り上げが減り農民たちを困らせているが、それは江南から中央政府への銀送金が過大なため現地の銀が減少し銀建て米価を押し下げているからだ、と言う。外に流れやすい銀へ経済が傾斜していくことに対して、危惧を示しているのである(『王文粛公文集』巻二)。本書の論理で言い換えると、地域間決済手段としての機能に優れる銀への過度の依存が、基層の現地経済を不安定にすることを看破していた、といえる。こうした危機感は黄宗羲《こうそうぎ》ら明末清初の著名知識人たちによる廃銀論へとつながっていく。彼らは、口をそろえるようにして、現地通貨として機能する銅銭の流通の復活を提議した。

良貨万暦銭の挑戦

こうしたなか、万暦帝(在位一五七二—一六二〇)が即位してまもない一五七四年から一五七五年にかけて、明政府内において銅銭を鋳造するかどうかが議論となる。銅銭鋳造の責任官庁である工部の長官であった郭朝賓《かくちょうひん》は、従来の精美な規格では五枚の銅銭を鋳造するのに銀一分(銅銭七文相当)の費用がかかるとして、万暦銭の鋳造に消極的な姿勢を示す。それに対し江西巡撫の楊成《ようせい》は、七文相当の銀一分を費やして五文を得たなら、「天と地の間」すなわち社会は一二文を得たことになる、という議論をぶちあげる。銀を銅銭に転ずることの有用性を強調し、ことに各省で鋳造することを主張する(『明経世文編』巻三六一)。楊成の主張が譚綸らの流れを汲んでいたことはいうまでもない。

一五七六年、積極鋳銭論の方の流れに乗り、明政府は万暦銭の鋳造を開始する。弘治銭、嘉靖銭、そして隆慶銭と決定的に違ったのは、北京・南京両都のみならず、楊成の建議のように各省での鋳造を許したことである。実際の鋳造規模は不明であるが、万暦銭がエンドユーザーにまで届いていた地域があったことは間違いない。第三章に何度か言及した『漳浦県志』は、一五二〇年代から県内で使用されていた銅銭として模造宋銭などを挙げるのみで、同時代に鋳造されたことになっている官銭である嘉靖銭、隆慶銭への言及はない。ところが、同じ『漳浦県志』は一五七七年になって、それまで使用していた宋銭(煕寧銭)を廃して万暦制銭を使うようになったと記述している。

漳浦県は、長官の龐尚鵬《ほうしょうほう》のもと積極的に万暦銭流通をはかった福建に属していた。同じ万暦のはじめには明政府において、張居正《ちょうきょせい》が主導して著名な税制改革がおこなわれていた。土地の丈量《じょうりょう》(検地)を進め、帳簿上はすべての税を銀建てに整理していく一条鞭法《いちじょうべんぽう》である。しかし誤解してはいけないのは、ここで末端での納税が銀に一本化されたわけではないということである。一方で張は、現地通貨による納税手段として官銭を供給し、実際にはそれらで納付させることで銅銭の循環を作り出そうともしていたのである。龐尚鵬の福建における方策もその流れの中にあった。

しかし『漳浦県志』はつづけて記す。一年もすると万暦銭も退蔵されて用いられなくなり銅として溶かされた、と。鋳造当初の万暦銭が、それまでの弘治銭、嘉靖銭、隆慶銭の系譜をひいて精美さを保っていたことは史書に記されている。しかし良貨すぎる、すなわち過低評価された通貨はかえって使用されずに保蔵され、最後は素材として溶かされてしまった。万暦銭をもって、積極的に官銭を流通させようとしたものの、従来から使用されている膨大な真正ならびに模造の古銭のストックに比べると、しょせん微々たるものにすぎなかった。エンドユーザーたちは古銭を使いつづけ、政府がそれを禁止しようとすると、時に実力で抗議行動を起こした。一五八〇年、江蘇の鎮江《ちんこう》で范梓《はんし》という者が古銭で米を買おうとして拒否されたことから、そもそも銅銭の流通が行き届いていないのは当局の責任であるとして集団で役所に押し寄せる事件が起きている（濱口福寿「隆慶万暦期の銭法の新展開」）。

結局、張居正死後の一五八二年、地方での鋳銭は停止され、万暦銭の大規模な鋳造は一度頓挫する。良貨万暦銭の挑戦は、エンドユーザーたちの間での古銭の根強い受領性に対して、あえなく失敗に終わった。

一六一一年、南京銭騒動

さきほど紹介した葉夢珠『閲世編』は万暦銭についても言及している。万暦銭は盛んに流通したこともあったけれど時期により鋳造の質は異なっていて、精美なものは嘉靖銭、隆慶銭と同じ質であったのだが、悪い場合は甚だ軽薄で「時銭」と異なるところがなかった、と。時銭とは同時期に流通していた私鋳銭のことに違いない。

地方鋳造停止の後も北京・南京では万暦銭鋳造がつづいたものの、経費不足のなか、官銭の精美さは失われていった。政府が銅商人に対して十分な代価を支払えないため、鋳造局への銅供給が縮小し、鋳造炉を削減するか、さもなければ銭の重量を減らすしかなかったのである（『客座贅語』巻四）。一六〇〇―一六〇一年に万暦銭鋳造を拡大したものの、一六〇七年には工部の建議に沿って南京での鋳銭の縮小を決定している。しかし南京での私鋳銭盛行が問題となり、一六一一年、私鋳銭流通を抑制するために南京の鋳造規模を拡大することが決定される。すでに第三章でふれたように、当時の南京地方は模造開元銭が取引を支えていた。この時、南京応天府知事であった陸長庚《りくちょうこう》は万暦銭の鋳造を増加させるのと引き換えに市中の私鋳銭を回収するもくろみである、という伝聞が広がる（『丁清恵公遺集』巻八）。伝聞の真偽はともかく、これをきっかけに南京市内の小売商たちが私鋳銭での支払いに難色を示しはじめたので物価は急騰し、庶民はその日の暮らしにも困るようになってしまう。

その時、市内をたまたま通行中であった陸長庚を人々が見つけ、立ちどころに群衆が集まって陸らを取り囲み口々に非難し、さらに暴徒化しはじめた。そこに南京の治安をあずかる提督丁賓《ていひん》(一五四三―一六三三)が通りかかり、人々をなだめ、陸らが私鋳銭の使用をけっして禁止するものではない、と約束したことで、ようやく解放に成功する(黄阿明「万暦三十九年留都鋳銭事件与両京応対」)。

明にとって北京と並ぶお膝元であるはずの南京城内で、白昼、通行中の南京知事を群衆が取り囲んで詰問するとは、前代未聞のことである。逆にいうと、民間業者が製造する模造古銭にいかに人々の間の取引が深く依存していたかを物語る。既述のように、その後の一六二〇年代にも開元銭の南京での流通はつづいている。しかし、そのころになると、明政府は本格的に市中にある古銭を廉価で回収しはじめ、中国大陸の銭貨使用は一変することになる。

北辺防衛のための鋳銭

第三章でふれたように、一四世紀の建国以来北方のモンゴル勢力との対峙はつづき、明政府にとって、北辺の長城に沿って配置された九つの軍鎮《ぐんちん》を守備する兵士への給料の支給は最も肝要なことであった。九つの鎮とは、東から遼東《りょうとう》、薊州《けいしゅう》、宣府《せんぷ》、大同《だいどう》、太原《たいげん》、延綏《えんすい》、寧夏《ねいか》、固原《こげん》、甘粛《かんしゅく》であり、九辺と呼ばれた。一七世紀初め、万暦の末年になると、ヌルハチひきいる後金《こうきん》(後の清)が台頭し北辺を脅かすようになる。その後金との戦費「遼餉《りょうしょう》」を捻出するため、財源の一つとして鋳造差益が充てられるようになる。鋳造費用が額面を上回った精美な万暦銭ではなく、逆に額面以下の費用で鋳造してその差益を軍費補塡に用いるようになっていた。

そうした傾向は天啓《てんけい》年間(一六二一—一六二七)に入り加速される。天啓帝は軍費捻出のため年間で銀換算八三万両の鋳造差益を得ることを企図していたとされる(王裕巽「試論明中後期的私鋳与物価」)。象徴的なのは高額面銅貨の発行を試みたことである。一六二一年に一〇文銭が鋳造されるが、一六二五年には鋳造を停止する。人々が額面通り一〇文として受領しなかったからである。一方で、差益を見込んで私鋳の一〇文銭がたちまち現れたのはいうまでもない。

一六二二年、北辺防衛の経費捻出のため、北京に戸部宝泉局が設置され銅銭鋳造をはじめる。それまで、北京での鋳銭は工部の宝源局のみであった。崇禎《すうてい》年間(一六二八—一六四四)には北京宝泉局の鋳造銅銭の三割は北京の官僚たちへ支給されるが、七割は北辺の兵士たちへの給料として支給されたとされる(張冬「明代九辺軍鎮鋳幣考論」)。この時、明政府ははじめて軍鎮において銅銭鋳造に踏み切る。銅銭を最も供給しなければいけない場所で鋳造するのは、合理的ではあったが、それは同時に原料を遠方から調達しなければならないことを意味した。いきおい、発行される官銭の薄小化は避けられなかったであろう。

兵士への給料の支払いにも事欠く明政府は、薄小な崇禎銭の鋳造を加速させる。江南の呉江《ごこう》在住の葉紹袁《しょうしょうえん》は、一六三八年に一貫あたり銀〇・九両であった銭の相場が一六四〇年には一貫あたり銀〇・四五から〇・四六両にまで下がったと記す(『崇禎記聞録』巻二)。上海在住の葉夢珠は同じ年の夏に銅銭一貫が銀〇・六両に下がり物価が騰貴したとするから(『閲世編』巻七)、そのころに官銭の品質が一段と劣化したのであろう。明政府はさらに一六四三年、しばらく途絶えていた政府紙幣、宝鈔の発行を計画する。しかし全く通用せずすぐに停止せざるをえなくなる。同時に民間の銅の所有を制限して銅を買い上げ、それをもって五文銭を発行するが、その方策の成否を確かめる間もなく、李自成《りじせい》の反乱軍に北京は占領され、崇禎帝自身とともに崇禎銭の鋳造は終わりを迎える(張冬「崇禎通宝当五銭与晩明幣制変革」)。

このように明は、最後の数十年、軍費捻出のために高額通貨あるいは貶質原子通貨を発行してその鋳造差益で財政補塡をしようとするが、中国歴代の王朝が経験したとおり、通貨流通の混乱とともに滅亡する。だが、そうした中国王朝末期に共通する現象の背後で、エンドユーザーの通貨使用において中国史上まれな変化がこの時期に進行していた。

史上最大の古銭溶解

明末清初を代表する知識人顧炎武《こえんぶ》(一六一三—一六八二)は、同時代の銅銭の流通について次のように回顧している。「故郷の昆山《こんざん》〔江蘇〕にいた幼いころは南宋の年号銭をよく見たものだが、長じて北方を旅するようになるといろいろな書体の北宋の銭を見かけた。なかには唐の年代銭まであった」と(『日知録』巻一一)。しかし天啓(一六二一―一六二七)から崇禎(一六二八―一六四四)にかけて明政府は各省に鋳銭局を設置させ鋳造額を拡大させていく。上述の万暦初期の地方鋳銭とは異なり、各地方で流通していた古銭を主たる原料とするものであった。各鋳銭局は裏面に独自の一文字を鋳込んだので、現存する崇禎銭にはさまざまな背文がある。廃仏政策により寺から没収した銅器を原料に各地で独自に鋳銭させた唐の会昌期《かいしょう》(八四一―八四六)の開元銭と似ている。とはいっても古銭がすぐに消えたわけではなく、一六二八年の時点では、既述のように南京ではまだ開元銭が支配的であったし、同じ年、河南、山東、山西、陝西などで古銭がいまだに根強く流通していると上奏されている(『続文献通考』巻一一)。

しかし、市中の青銅銭を廉価購入し、真鍮銭に鋳直して投入していく過程は進行していったようである。明はその過程を通して鋳造差益を得て軍費の補塡に充てた。同時代を生きた顧炎武は、この古銭溶解を評して、六世紀末に隋の文帝が漢以来の五銖銭など古銭を溶解して隋五銖に鋳直して以来、幣制における最大の変化であったとする。彼の目前から、市中にあふれていた古銭が消えていったのであろうが、考古学的知見はその観察を傍証する。河南省南陽《なんよう》の東《とう》関《かん》から出土した二〇キロほどの銅銭の構成は、三〇〇枚のサンプル調査によると、宋銭が六〇枚にとどまるのに対して天啓銭が一三枚、そして崇禎銭が一九二枚にのぼるのである。しかもその崇禎銭にはいろいろな背文が鋳込まれているという(王正旭・劉紹明『南陽歴史貨幣』)。地方のさまざまな鋳銭局で崇禎銭が鋳造されたとの史書の記述と符合する。

表6にも示されているように、清代の埋蔵銭には概して宋銭はさほど多く含まれてはいない。明を襲った清政府が直後に順治銭を大規模に鋳造できたのは、明政府の残した廃銅を利用できたからである。順治銭の鋳造額は一六四四年の約七〇万貫から一六五六年の二六〇万貫へと増加する。二六〇万貫とは、文献で確かめられるかぎり、一一世紀の北宋時代と一八世紀中葉の乾隆期の間において最大の規模の鋳銭である。金属素材購入の費用が少なくて済むため、順治期(一六四四—一六六一)の清朝は一文の重量を一銭から一・二五銭(約四・七グラム)へと増加させながら、なおかつ鋳造差益を得ることもできた。その廃銅とは、天啓・崇禎年間に収買した古銭にほかならない。しかし、そのストックが尽きるや清政府は銅などの素材の確保に苦しむ。順治期には一〇〇斤あたり銀六・五両であった銅価格が一六七〇年には一三—一四両に上がり、一六七五年、康熙帝は地方鋳銭局の停止を命ずる。以後、北京の宝泉局、宝源局二局のみの鋳造となり、康熙期(一六六二—一七二二)の残りの期間の鋳造額は年五〇万貫と順治初年の規模をも下回ったままで終始する(王徳泰『清代前期銭幣制度形態研究』)。順治期と康熙期の鋳造銭額の落差は、逆に、末期の明政府がいかに大量に古銭を収買していたかを物語る。

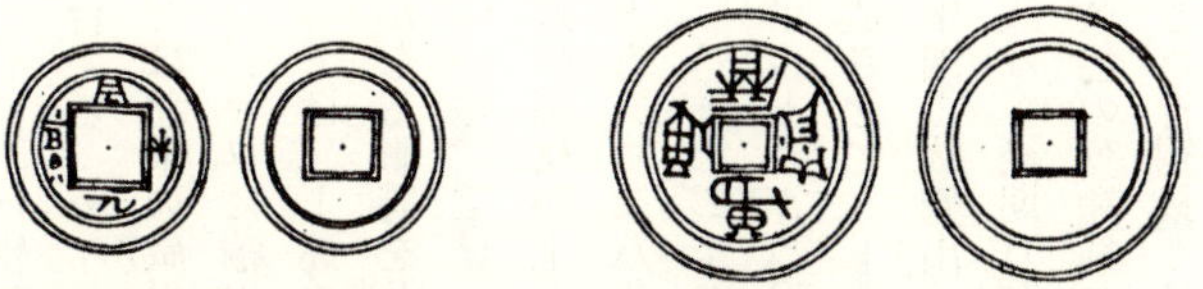

図９　チエン(右)とカイシィ(左)
出典：Isaac Commelin, *Begin ende voortgangh van de Vereenighde Nederlantsche Geoctroyeerde Oost-Indische Compagnie*, vol. 1, Amsterdam, 1646

隋も明も、市中の古銭を本格的に収買して自らの銭に代替しようとしたが、どちらもまもなく滅亡してしまった点は共通している。一六一一年の南京での銭騒動の事例を思い起こすと、基層での取引を支えている現地通貨をとりあげてしまうことが、いかに人々の生活をおびやかし、また権力にとって危険であったかがわかるであろう。

ベトナムの日本製古銭ブーム

第四章で述べたように、福建からの日本向け模造古銭輸出が途絶したのに対し、一五六七年の海澄県設置とともに東南アジア向け貿易は公認され、南シナ海を越えた模造古銭輸出は継続したと思われる。一五九六年にジャワ西部のバンテンに到来したオランダ東インド会社艦隊の日誌は、現地で「チエン」と呼ばれていた万暦通宝の存在を記録している(図9)。地元の人々からの伝聞では一五七六年に福建の泉州《せんしゅう》からはじめて到来したというから、同年はじまった万暦銭鋳造と福建での流通という史実と合致している。また一五九〇年には万暦銭は到来しなくなり、鉛を多く含んだ「カイシィ」という銭貨に代わった、とも日誌は物語るが、上述の良貨であった初期万暦銭の地方鋳造停止(一五八二年)とやはり符合する。カイシィは現在の cash の語源となった言葉であるが、オランダ人の残したスケッチでは北宋の咸平《かんぺい》(九九八―一〇〇三)銭を模したものが描かれている。模造古銭はたしかに福建からジャワに輸出されていた(黒田明伸『貨幣システムの世界史』)。

では、上述の一六二〇年代にはじまる中国大陸における古銭流通の減少は、東南アジアにいかなる影響を及ぼしたのであろうか。第四章末で、一六二四年の細川忠興の小倉藩での鋳銭について、「古銭」らしき外観が重要視されたことを述べた。ベトナムのコーチシナにおいて古銭の価格が上がりつづけ、日本でのそれの倍の価格になっていることが伝えられており、遅くとも一六二八年には、細川氏はコーチシナ向けの模造銭輸出を計画していたのである。

ベトナムでの取引が中国古銭に依存していたことはここまでに述べてきた。一七世紀前半、ポルトガル政府はベトナムでの銅銭需要にこたえるため、マカオ当局に現地中国人に銅銭を鋳造させてベトナムへ輸出するよう指示している(G. Souza, *The Survival of Empire*)。ベトナムへの中国古銭輸出はつづいていたに違いない。しかし、一七世紀に入ってから明政府が鋳造した官銭は、後期万暦銭、天啓銭、崇禎銭と亜鉛を安定して三〇%前後含み、錫をほとんど含まない、黄色の真鍮銭である(周衛栄『中国古代銭幣合金成分研究』)。それまでベトナムの人々がなじんできた青銅銭とははっきり外観が違ったはずである。それらがベトナムでの取引に入り込むのは容易ではなかったろう。ただし一六三七年刊行の『天工開物《てんこうかいぶつ》』は広東高州鋳造の精美な青銅銭が漳州や泉州で流通したと記すから、それらの一部はなお東南アジアに流れていた可能性はある(『天工開物』巻九)。しかし、一六二〇年代以降、明政府により古銭の青銅銭が中国大陸において大量に収買されていき、ベトナムに流れる古銭が減少していったことは想像に難くない。

コーチシナで古銭相場が上昇していたのは、そうした大陸からの供給の減少ばかりによるのではない。そもそも一六世紀後半に大量の銀が中国に流入したのは、質の高い絹を買い付けるためであった。すでに最盛期をすぎつつあったとはいえ、当時はまだ銀と絹の交換を主軸とした海洋貿易が活気を呈しており、コーチシナも生糸の産地として海外からの商人をひきつけていた。しかし、日本やオランダの商人たちは銀を生糸買い付け資金としてコーチシナのホイアン港に持ち込んだものの、それらは内地で生糸を生産する農家の間では通用しない。彼らには現地通貨である古銭で支払う必要があった。つまり、古銭の需要もかつてなく強まっていたのである。

一六三〇年代初頭、徳川幕府の特許を得た朱印船貿易でもってコーチシナに到来した日本商人は、オランダ商人ら競争相手に先んじて生糸の購入を確保するため、生糸生産者に一戸ごとに一万から二万文の銅銭を前渡しするのが常であったという(岩生成一『朱印船貿易史の研究』)。彼らは日本で鋳造された模造古銭を輸入して、それらでベトナム農家に支払ったのである。オランダ東インド会社のアユタヤ商館館長のヨースト・スハウテンの記述によれば、一六三四年にコーチシナでは生糸買い付けの需要から銅銭の相場が高くなっており、ことに「サカモト」と呼ばれた銅銭はすぐれており相場が高かったとされる(R. Manley, *François Caron and Joost Schouten*)。サカモトとは近江の坂本のことで、同地は銅銭鋳造の鋳型をつくる真土《まね》をとるのに適した土壌であることが知られていた(櫻木晋一『貨幣考古学序説』)。

街道整備と寛永通宝鋳造

朱印船貿易の利益を増大させたはずの日本製模造古銭の輸出であったが、結果的にはその銅銭流出が幕府に朱印船貿易の停止を決断させる大きな要因の一つとなる。オランダ東インド会社の平戸商館館長であったフランソワ・カロンは、日本政府が一六三二年から、新しい統一通貨を鋳造するのを準備するため古銭を高い価格で買い上げつづけている、と一六三五年に記している(R. Manley, *François Caron and Joost Schouten*)。実際、京都の銀建て銭相場は一六三二年の銭一貫=銀一八匁から一六三五年の銀二四匁に上昇をつづけており(安国良一『日本近世貨幣史の研究』)、カロンの観察が正しいことを証明している。

それまで銅銭の供給に関して自らは積極的に関与してこなかった江戸幕府が、なぜこの時期になって官銭の鋳造を企図するようになったのか。幕府がもともと開府以来、街道沿いの交通網の整備とビタ銭の全国的通用をセットで進めてきたことは第四章で述べた。だが、一六三〇年代に入り、幕府は街道筋の整備をより一段と高める必要にせまられていた。それは、諸大名を一年おきに江戸と領国の間を往復させる参勤交代制度の確立である。江戸幕府成立当初は諸大名が将軍と謁見することは制度化されず、将軍が上洛した時に諸大名を京都に集めることをならいとしてきた。しかし、一六三四年の徳川家光を最後に将軍の上洛は途絶える。一六三五年に武家諸法度が定められ、それに従い翌一六三六年より大名の参勤交代がはじまる(丸山雍成『参勤交代』)。一六三二年から一六三五年にかけての幕府による古銭買い上げは、まさしく参勤交代制度導入による路銭需給逼迫にそなえていた、とみなして大過なかろう。

東南アジア方面への日本製模造古銭の輸出による利益は少なくなかったが、それにより街道筋に用意させるべき銅銭が払底してしまうのでは、大人数の大名行列の往来を支えきれない。幕府にとって優先すべきは、朱印船貿易による利益ではなく、参勤交代制度の確立であった。一六三五年、徳川家光は朱印船貿易の停止を決定する。それにより日本製銅銭の流出は防がれることとなった。日本製模造古銭のコーチシナ輸出で利益を得てきた京都の豪商平野《ひらの》藤次郎《とうじろう》は、朱印状がもはや発給されないと知るや、トンキン向けに買い込んでおいた坂本で鋳造された銅銭を、それまでのライバルであったオランダ商人に一貫あたり銀八匁の大廉価で投げ売りしている(岩生成一『朱印船貿易史の研究』)。

同じ一六三五年、幕府は全国の領国の貨幣の使用状況を調査している。老中酒井《さかい》忠勝《ただかつ》が諸大名の家老を幕府の勘定方《かんじょうがた》に呼び出し、諸国の米遣いも含む貨幣の使用状況をただしたとされる。この時、毛利氏の萩藩家老井原弾正《いばらだんじょう》は「あしき国並之銭」を国元では使用していると回答している（安国良一『日本近世貨幣史の研究』）。萩藩が、街道筋で通用する京銭（ビタ銭）をわずかしか保有していない一方で、それより価値の低い国銭は膨大な量を蓄えていたことは第四章末で述べたとおりである。中央政府がそのような調査をおこなったのは列島史上はじめてであろう。そして翌一六三六年、幕府は坂本と江戸などで当時の日本の年号を鋳込んだ寛永通宝の鋳造を開始する。真鍮銭に転換した同時代の中国政府とは違い、ビタ銭を含む古銭を、同じ青銅製の新たな銅銭を供給することで代替しようとしたのである。

しかし当初その寛永銭はほとんど流通しなかった。初期の寛永銭を古寛永というが、その古寛永の金属組成分析は、錫の含有量が概して少なめで、かつばらつきがあったことを明らかにしている（川根正教・石川功・植木真吾「寛永通宝銅銭の形態的特徴と金属成分分析」）。繰り返しになるが、青銅銭の銭面の文字の明瞭さは錫の含有量に依存している。一六三九年に大坂の銭鋳造人仲間から長崎のオランダ商館に錫輸入の依頼がなされていることが、寛永銭鋳造開始にあたっていかに錫確保に苦しんでいたかを物語る。実際に、寛永銭鋳造のため中断されていた銅輸出の再開を願って、オランダは日本側の要請にこたえて錫を確保しようとした。しかし、中国からは錫輸出を禁止され、ビルマから輸入しようとしたものの、日本側の発注した量には遠く及ばなかった（安国良一『日本近世貨幣史の研究』）。三年をかけて古銭を買いとることにより、鋳造原料を確保すると同時に市中での銭の品薄状況をつくり新銭の流通を容易にするよう、幕府としては周到な準備をして寛永銭の発行をはじめたはずであったろう。しかし、数世紀にわたり列島内の取引を媒介してきた中国古銭（模造も含む）を代替していくには、文句のつけようがない銭銘の明瞭な銭を大量に投入する必要があったはずなのに、それには失敗したのである。一六四一年には京都の銭相場は一貫＝銀一〇匁にまで下落し、寛永銭の鋳造はその年末をもっていったん停止される。

寛永銭鋳造再開とビタ銭の消滅

しかしやがて一六五五年、薩摩において錫鉱山が発見される。文字通り錫山《すずやま》と名付けられたその鉱山（現鹿児島市）は、列島内の錫需要を十分にまかなえるだけの豊富な鉱脈を埋蔵していた（『鹿児島県史』巻二）。以後、幕府は銅銭鋳造において錫確保に苦しむことはなくなり、一六五六年、寛永銭の鋳造を再開する。それ以降に鋳造された寛永銭はなべて一〇％前後の錫を安定して含有していることが、金属組成分析により明らかにされている（川根正教・石川功・植木真吾「寛永通宝銅銭の形態的特徴と金属成分分析」）。

新井白石《あらいはくせき》『折《おり》たく柴《しば》の記《き》』に、寛文(一六六一―一六七三)のころの一六年間の鋳銭量は一九七万貫とあるから、年平均一二万三〇〇〇貫の寛永銭が鋳造されたことになる。既述のように、一六七五年以降の清朝の康熙銭鋳造額は年間五〇万貫にとどまるから、当時の日本の人口が中国の一〇分の一以下であったことにかんがみると、相当な鋳造額であったといえる。ただし、寛永銭は列島津々浦々にまんべんなく配布されたわけではない。各街道とその街道向けの荷馬を管理する江戸伝馬町《てんまちょう》に投入されていた銭は一六七四年に一四万一七〇〇貫にのぼったというから、年間の新規鋳造額全体に匹敵する(榎本宗次『近世領国貨幣研究序説』)。やはり幕府は、自らによる銅銭供給を全国交通網の整備と維持に充てていたということになる。

しかし、偏りはあったにしても、街道筋で支払われた寛永銭は沿道の町や村に広まっていったはずである。それでは、それまで基層での取引を主として媒介してきたビタ銭の流通はどうなったのであろうか。両替商でもあった学者草間直方《くさまなおかた》(一七五三―一八三一)の『三貨図彙《さんかずい》』は、正保三年(一六四六)に火鉢二つを京銭六貫で買ったとある記事から、このころまでは京銭すなわちビタ銭が使われていたとしている。伊豆内浦《うちうら》に残された漁民の史料には、寛永(一六二四―一六四四)から承応《じょうおう》(一六五二―一六五五)まで、「但京銭也」というように実際はビタ銭を支払った記述が多く現れている。やはり、初期寛永銭はエンドユーザーたちまでには届かなかったのであろう。しかし、その「但京銭也」との記帳は寛文初期を最後に見られなくなる。以後、内浦において京銭は金一両＝銭四貫の比率にしたがった記帳単位としてのみ機能することとなる（榎本宗次『近世領国貨幣研究序説』）。

寛文期を通じた寛永銭の安定的な供給は、ビタ銭を徐々に代替していったのであろう。一六七〇年、幕府は中国銭の流通を禁止するが、もはや何ら深刻な混乱をもたらすことはなかった。一二世紀末に中国大陸から古銭が大量に流入しはじめてから五〇〇年がたち、さらに一六世紀末に日本製模造古銭たるビタ銭が中国銭を代替してから一〇〇年を経過して、ついに中国銭は日本列島内での役割を終えたのである。

最後の宋銭流通

一六五九年、長崎のオランダ商館は幕府に対し、長崎の商人に委託して中国年号の青銅銭を鋳造することの許可を求める。ベトナムなどでの中国古銭需要は依然として強く、オランダ東インド会社にとっては、確実に利益の見込まれる事業であった。それ以前とは違い、寛永銭の安定的な鋳造を再開していたため、幕府にとっても、もはやことさらに銅銭流出を止める必要もなくなっていた。そうして長崎から日本製模造古銭がベトナムなどに輸出されていく。元豊銭など代表的な宋銭を選んで模造されたが、銭銘の字体が中国製とは違い容易に区別されるそれらの銭は、輸出地にちなんで長崎銭と呼ばれている。古賀康士の推計では、一六六〇—一六八四年にオランダ商館を通してベトナム北部へ輸出された長崎銭の総額は二五万貫から三〇万貫とされる（古賀康士「一七世紀における日本からベトナムへの銅銭輸出」）。トンキン以外のその他の地域へ輸出されたものもあることを考慮すると、上述の、一六年間で一九七万貫という寛文期の寛永銭鋳造額と比べて、けっして小さい額とはいえない。しかし、かといって列島内の銅銭需給をおびやかすほどの規模ではなかったともいえる。

一六三三―一六三七年の平戸のオランダ商館の仕訳帳にはオランダによる銅銭の輸出が記録されているが、その仕向け先には「タイオワン」と記されているものが目立つ（安国良一『日本近世貨幣史の研究』）。台湾には相当数の日本製模造古銭が到来していたと見てよかろう。そのオランダ勢力を一六六二年に台湾から追い払い、環シナ海交易に大きな影響力を及ぼしたのが鄭《てい》成功《せいこう》・鄭経《ていけい》親子による鄭氏政権である。一六四四年に首都北京が陥落したのち、明の遺臣たちは南京にいわゆる南明《なんみん》政権を樹立し、南下してくる清軍に対して各地で抗戦した。鄭成功らはその主たる支持勢力であった。反清復明戦争への江戸幕府からの支援の期待もあって、彼らもまた長崎との交易を維持した。一六六六年南明の年号を鋳込んだ永暦《えいれき》銭（永暦通宝）を日本で鋳造し、ベトナム生糸の中継貿易にも従事していたから、長崎銭の流通に鄭氏政権も関与していたとしても不思議ではない（『台湾省通志』一冊）。

一六八三年にその鄭氏政権を滅ぼして清が台湾を統治するようになるが、一六八五年に台湾が所属する福建省で鋳銭局が再開された時、台湾の諸羅《しょら》県の知事が古銭の流通との併存を認めるよう上奏して認められている。古銭を認めないと現地での交易は立ち行かなくなる、と(『道光福建通志　台湾府』巻一六)。その後台湾を来訪した清の官僚たちは、台湾における宋銭の流通や出土について記述している。一七五三年刊行の『小琉球漫志《しょうりゅうきゅうまんし》』は台湾では薄小な北宋年号銭を用いていると記述し、一七七二年刊行の『海東札記《かいとうさつき》』は港の泥土から数百枚の肉厚で緑青色の古銭を拾い上げたとする。彼らが目撃したのが、真正の宋銭だったのか、明代福建鋳造の模造古銭だったのか、それとも日本製模造古銭であったのか、今となっては知るよしもない。その三種の「宋銭」の割合がいかほどであったにせよ、一二世紀以来六世紀にわたり東シナ海をまたいだ中国古銭流通の最後の残り火を、清朝官僚たちは観察したわけである。その台湾にも、一七四〇年からは乾隆銭が大陸よりもたらされるようになっていった。しかし、すでに大陸で標準となっていた真鍮銭ではなく、鋳銭局はわざわざ錫を加えた「青銭」すなわち青銅銭を鋳造して持ち込んでいる(『道光福建通志　台湾府』巻一六)。

なお、第三章で紹介した一八八二年出版の『安南とその小額通貨』は、当時においてもまだマカオからベトナムへの銅銭輸出がつづいていると記している。計六工場で三二〇人の職人が一二の炉を使い、毎日七〇万枚の銅銭を鋳造しているとの報告がマカオのポルトガル政府になされている(E. Toda, *Annam and its Minor Currency*)。それらがすべて景興銭のようなベトナム年号銭なのか、模造宋銭を含むのかは定かではない。ただ、一八五〇年頃においてベトナム北部山地では「古号銅銭」が支配的に流通していたが、景興銭と並んでその古号銭に分類される元《げん》通《つう》銭とは、北宋の元豊通宝の模造古銭のことであった可能性がある（多賀良寛「一九世紀ベトナムの銭貨流通における非制銭の位置づけ」）。いずれにしろ、直後の清仏戦争とインドシナのフランス植民地化によって、それらの輸入にも終止符がうたれたのかもしれない。

東アジアにおける自由鋳造の終焉

硫化銅製錬によって廉価供給されるようになった日本銅を使用して、一五世紀以降東アジアは模造古銭という形態をとった事実上の通貨自由鋳造の世界となった。その現地通貨主導の貨幣秩序に対抗するため、明は青銅製の古銭とははっきり区別しうる真鍮製の銅銭をもって代替しようと挑戦する。模造古銭流通の中心たる中国大陸で青銅銭が減少するなか、その動きとは対照的に周辺諸国は青銅製を維持したまま新銭を導入しようとする。一大銅産地であった日本列島では、本章で述べたように、徳川幕府が青銅製の寛永銭を鋳造し中国古銭を完全に代替する。朝鮮半島では五升布《ごしょうふ》という綿布と米が貨幣として重要な機能をはたし、一七世紀初頭まで銅銭はほとんど流通していなかったが、李朝政府がやはり青銅製の常平銭《じょうへい》（常平通宝）の鋳造を開始し、一八世紀にその鋳造額を増加させていく（須川英徳「朝鮮時代の貨幣」）。同時代の日記は、農村の日常的取引にも銅銭が頻繁に使用されるようになったことを示している（李憲昶『韓国経済通史』）。長らく中国古銭に取引を頼ってきたベトナムも一八世紀に景興銭を大量に鋳造するが、やはり青銅製であった。日本、朝鮮、そしてベトナムは、それらの自国年号の青銅銭をもって、史上はじめて基層の取引にまで行きわたる自国政府発行通貨を確立させる。

一方、中国では、雲南の銅生産と貴州の亜鉛生産の増大に支えられ、一八世紀中葉から真鍮製の乾隆銭が北宋期に次ぐ規模で大量に鋳造される。北京に加え各省に設置された鋳銭局が鋳造した乾隆銭は、各県の備蓄穀物の売買を通して基層の定期市まで浸透し、銀建てに傾斜していた現地市場を銭建てへ戻していくことになる。地丁銀《ちていぎん》などの納税は銀建てのままだが、一八世紀末には銅銭により県に納付することが公認されるようになるから、本章で述べた明末の張居正らによる改革の構想は二〇〇年の時を経て実現したとみなすこともできよう。結果として、地域間決済手段としての銀と現地通貨としての銅銭が補完しあう関係が形成され、アヘン輸入による銀流出などといった外的要因が現地市場にもたらす衝撃を緩和する役割をはたす（黒田明伸『中華帝国の構造と世界経済』）。

一五世紀から一六世紀にかけて、権力の枠を越えて東アジア一帯に広まった模造古銭を通しての自由鋳造システムは、一七世紀から一八世紀にかけて、国家が主導する通貨供給システムに置換されていった。

第六章　貨幣システムと渡来銭

英領ベンガルの銅貨

銅貨が流通した社会は歴史上数多くあったのだが、第一章で述べたように、基層の取引を支える原子通貨としての銅銭を中央政府が供給する原則を確立していた点において、中国を中心とする東アジア世界の貨幣システムは世界史的に見て特異であった。その特徴を確認するために、他の社会における銅貨流通の事例を見てみよう。

一八世紀後半、イギリス東インド会社は支配下においたベンガルの基層での取引を媒介していた貝貨を銅貨に代替しようと試みる。ことに一七九六年より、それぞれルピー銀貨の六四分の一と一二八分の一の値の一パイスと半パイスの銅貨の鋳造を本格的に開始する。その鋳造のための原料となる銅はイギリスから輸入されたのだが、一八〇七年にかけてカルカッタでの銅の輸入価格が高騰し当初よりほぼ五割高となる。さらにカルカッタからの輸送費がかさむ地方都市では銅価格はより高く上昇することとなった。そうすると、人々は銅貨を溶かして素材として売買しはじめたのである。小額通貨の素材価値が額面を上回り、エンドユーザーが素材として用いはじめる、というのは本書で述べてきた東アジアで起こったことと同じであった。しかし、類似の状況において、イギリス東インド会社がとった対策は東アジアの政府のそれとは一線を画した。一八一七年、東インド会社は一パイス銅貨の重さを一八〇グレイン（約一一・七グラム）から一〇〇グレインに減らすことを決定する。彼らは銅貨の重量を半分近くの規格に引き下げて鋳造し直したうえで流通させることに成功し、結果として溶解を防いだのである。銅貨よりもさらに小さい額面を代表する貝貨の廃貨はなかなか進まなかったが、それでも銅貨は徐々に流通規模を拡大させていたようで、一八三五年の報告ではベンガル郵便局に支払われた郵送費の半分は銅貨によるものであった。銅貨需要の伸びを反映してか、一八三〇年代前半、ベンガル造幣局は銅貨鋳造によって少なくない差益を計上している（D. B. Mitra, *Monetary System in the Bengal Presidency, 1757–1835*）。

東アジアでは、銅銭の一文（時に二文）の額面が現場の素材価値より大きく下回った時、銅銭が溶かされて素材として消費されたのに対し、中国王朝は時に一〇文などの高額面銅銭の鋳造によって素材価値を低めようとしたりもしたが、それらは額面通りに通用せず、のきなみ短期間で失敗に終わる。高額面の銅銭のことを大銭と呼び、一文銅銭のことを小平銭とも呼んだが、基層に滞留している大量の良貨たる小平銭を回収でもしないかぎり、大銭の額面をおしつけるのはむずかしかった。しかし、その小平銭の一文の額面をそのままにして、その重量を半減させて素材価値を額面以下に抑えるという反対方向の政策を、唐以降は採用していない。だからこそ、第一章で述べたように、唐の開元通宝の規格は一二〇〇年以上基本的に守られることとなった。基本的に、というのは、第五章で述べた明末のような例外もあるということだが、貶質化した原子通貨を発行して鋳造差益を得ようとする政策は、それらの王朝そのものに終焉をもたらした。

この中国王朝の銅銭鋳造と植民地下ベンガルの銅貨鋳造の対比は、何を意味しているのであろうか。同じ銅製の小額通貨であり、ともに農民たちが通う農村市場で盛んに流通していたのであったが、ベンガルの銅貨と中国の銅銭は、その貨幣システムの設計が根本的に異なった。その違いは、額面を認知された通貨というものを創り上げていく時に不可避で根本的な問題と関わっていた。

小額通貨の大問題

一円の一〇〇倍は一〇〇円であるし、一〇〇円の一〇〇分の一は一円である。一万円であろうと、一億円であろうと、一兆円であろうと、この双方向の比例関係に変わりはない、はずである。貨幣というものがただ記帳されるだけの記号であるなら、口約束であろうと、帳面に書き入れようと、端末に入力しようと、記帳の媒体が異なるだけで、この比例関係そのものには何ら問題は生じない。ところが、一円、一〇〇円、一万円のそれぞれの額面を代表するところの有形の通貨を流通させようとすると、立ちどころに問題が明らかとなる。

まず、一円、一〇〇円、一万円の三種の額面の通貨を製造する費用が、一対一〇〇対一〇〇〇〇の額面の比率からかなり乖離せざるをえない。同じ素材、たとえば銅でこの三種の通貨を造ると、一万円の銅貨はとても重くて実用に堪えない。これはけっして仮想の話ではなく、一七世紀に銅産国スウェーデンがドル銀貨と同等の価値のとてつもなく重い銅板の通貨を鋳造している。しかし現実に流通させようと思うなら、素材価値としては低い一万円銅貨を鋳造せざるをえないであろう。逆に一万円通貨をその価値相当の金で造ったとすると、今度は一〇〇円通貨でもかなり実用には堪えない小さなものとなり、一円通貨など技術的にそもそも鋳造がむずかしい、という事態になる。つまり、上位の方向であれ下位の方向であれ、素材価値の基準とする額面から離れた額面の通貨は多かれ少なかれ記号化せざるをえない。

そこで、三種それぞれを銅・銀・金で鋳造するとしても、金属相場が変動する条件において、素材価値が額面から際立って乖離しないよう調整していくのは容易ではない。三種とも紙片にしてしまえば、費用も重量も均一で問題がないように見えるかもしれないが、そうはいかない。いかに工夫しても一円の紙幣を一〇〇枚発行するのは一〇〇円の紙幣を一枚発行するより経費がかさむ。第二章でふれたように、元朝の紙幣はかなりの高い受領性を維持した。しかし、当初は一〇文などの小額面の紙幣も発行したもののすぐに維持できなくなり、事実上一貫額面の紙幣を中心とした供給となり、日常取引のための小額通貨の不足に人々は苦しむことになった。いきおい、人々は地域ごとにさまざまな代替通貨を創り出すか、あるいは米や小麦を支払い手段とし、元が発行回収する紙幣による取引との階層性を際立たせる。

歴史は繰り返す。一九三五年一一月、中国の南京国民政府は流通していた銀貨などを廃貨し、国家系銀行の発行する紙幣「法幣」のみを通貨とする幣制改革を断行する。翌一九三六年に郵便局が取り扱った通貨の統計は、主要な省で法幣の流通が増えていることを示していて、一見、国民政府の幣制改革は地域ごとに多様であった中国に統一通貨制度を樹立することに成功したかのように見えた。しかし、目を基層に移すと、立ちどころに問題が明らかとなる。

一九三六年三月、国民党中央軍第六師団は中国共産党の根拠地を攻撃するため陝西省へ進軍する。進軍に伴う経費を行く先々で支払うため、師団はその成功したはずの法幣を携えていった。幣制改革の計画では、一元以下の小額面の通貨も供給していくはずであったのだがそうはならず、第六師団の携えた法幣は五元と一〇元の額面のものばかりであった。当時の中国の農村では多くの人々の年収が一〇〇元に届くかどうかであったから、その人たちの目線からすると、相当な高額通貨である。とてもでないが、それでは食糧などを農村地帯の市場などで買い集めることはできない。西安から西に行軍して武功《ぶこう》県に到達した時に、師団はその五元・一〇元札を現地の有力者たちに渡して兵士たちの食糧調達を依頼する。有力者たちはその五元・一〇元札を陝西省銀行武功県支店に持ち込んで、現地で買い物ができる省銀行の一元札以下の小額通貨への両替を依頼した。ところが、その支店主任の胡景侃《こけいかん》は両替を拒絶する。曰く、昨年の幣制改革以来、現地では日常の取引に使う小額通貨が不足して大変困っている。大量の高額紙幣を持ち込まれても両替などできようか、と。法幣受領拒否は法令違反なので、地元の有力者たちなどが中央銀行に胡景侃を訴えたものだから、その関係文書が現在台北の国史館に残されている(国史館 018000037069A「法幣各処報告拒用法幣情形」)。その訴状にずらっと並んだ現地のたくさんの有力者の署名をながめると、彼らの意図は、省銀行支店主任の違反を訴えることよりも、取引に必要な小額通貨の不足に困っている現地の実情を訴えることにこそあったのでは、とも思えてくる。ともかく、基層での小額通貨不足は国民党軍の進軍をいかほどか遅らせたのであった。

時代錯誤に聞こえるかもしれないが、第二章で述べた元の紙幣政策と上述の南京国民政府の幣制改革がもたらした問題は非常に似通っている。法幣による「幣制統一」は米ドルや英ポンドとの為替相場を安定させ、内国為替費用を均一にするなど、地域間決済に便を供したが、県以下の基層での取引は売買の規模に適した現地通貨の不足に苦しみ、現地の商人たちが発行する銭票《せんぴょう》という兌換保証のない紙幣の流通がかつてないほど繁茂する状況をもたらした。元も南京国民政府もともに、自らの発行する高額紙幣の安定した流通と引き換えに、基層における取引への関与を放棄したのである。

取引というものは大小さまざまな規模がありうるのだけれども、それに対応した通貨の大小さまざまな額面の間の比率と、それらを供給する費用の比率との間のバランスをとっていくことはきわめてむずかしい。結局のところ、いずれかの額面を標準として通貨を造り、それ以外の額面の通貨を発行する費用を額面より低くしていくことになる。元が小額紙幣の発行をやめてしまったように、費用を抑えることができないのなら、それらの額面の通貨の発行は放棄されてしまう。通貨当局がどの水準の通貨を基にして大小の額面の体系を築くかによって、貨幣システムというものは異なった働き方をする。ベンガルの銅貨と中国の銅銭とでは、当局がそのいかなる水準の額面の通貨に基準を置くかに基本的な違いがあった。

補助通貨と原子通貨

植民地統治下ベンガルで発行されたパイス銅貨は、基本的に、ルピー銀貨の補助通貨であった。単位呼称が異なり、季節や地域によって、現場での両替の比率が異なる余地は残されていたが、パイス銅貨はルピー銀貨に固定した比率で兌換されるべきものであったのである。高額面のルピーの方が額面と素材価値とがさほど乖離していなければ、そのルピーへの両替が固定比率で保証されているかぎり、補助通貨パイスの素材価値が額面より低くても受領を妨げるほどの問題にはなりにくい。現実には、農民たちはほとんどルピー銀貨に触れる機会がなかったであろうが、貨幣システムは彼らの間の取引に重心をおいて設計されたものではなく、徴税権保有者や大商人たちの間での受領に重きをおいて構築されていた。ルピー銀貨こそが単位通貨であり、その六四分の一や一二八分の一を代表する銅貨はルピーを抽象的に分割したものであるから、素材価値との乖離はさほど問題にならなかったのである。宗主国イギリスにおけるポンドとペンスの関係に近く、高額通貨を基準にして、その価値を分割した数種の下位の通貨を配置する額面体系となっていた。

伝統東アジアの貨幣システムは、上述のシステムとは逆方向に、最小額面の通貨を基準として、そこから上位の額面を積み上げていく体系を創り上げていた。起源は、一銭の最小単位の銅銭だけを鋳造して、他の諸国のように高額面の銅銭を鋳造しなかった戦国秦の貨幣制度であった。農家の家長に課す兵役を基本とする国制は、彼らの間の交易に資する小額通貨が社会の末端まで供給されることを必要とした。原子通貨である銅銭は、現地通貨としては適していたが、高額の取引や遠隔地の決済に使用しようとすると保管や輸送のための費用がかさんでしまう。秦漢政府は、一貫が文字通り一〇〇〇枚の銅銭をつないだものであることを求めたが、第一章で述べたように、民間の慣行が先導しそれを王朝が追認していく流れで、少ない実数の銅銭をつないだ銭貫を一〇〇文や一〇〇〇文とする短陌慣行が広がっていく。宋代の公式レートでは七七枚を一陌(一〇〇文)とし、民間ではそれより少ない枚数の陌を地域と業種に応じて設定していた。上述のベンガルやイギリスでの額面体系とは逆方向に、最小額面の通貨を基準として上位の額面の通貨の実質価値を低くしていく制度となっていく。

繰り返すが、貨幣システムといっても、高額通貨を基準にして下位の額面通貨を記号化していくのか、小額通貨を基準にして上位の額面通貨を記号化していくのか、によって非常に異なる額面体系が機能することになる。東アジアで紙幣流通が他の地域より早くはじまったのは、当初よりこの上位額面を記号化する傾向が貨幣制度の中に組み込まれていたことが、一つの大きな要因である。ただし、貝貨を使用したインドやアフリカにおいても貝貨一枚の最小額面から上位の額面単位を積み上げていたが、紙幣制度を生み出すことにはならなかったので、上位額面の記号化が必ず紙幣制度を生み出すわけではない。また、第一章で確認したように、額面が小さい通貨ほど還流比率が低くなる傾向がある。原子通貨を基準とした貨幣制度の場合、出回る通貨の減少の度合が大きいので、取引の水準を維持するためには、より多くの追加供給が必要とされる。原子通貨依存の交易はどうしても通貨の散布が回収よりも多くなり、双方向であるよりも単方向の流れになりやすいので、エンドユーザーの近くに原子通貨が蓄積されることになる。銅銭でもそうだが、より零細な貝貨となるとなおさらである。英国国教会の大執事として二〇世紀初頭のナイジェリアに滞在したバスデンは、村の倉庫に山積みされた貝貨のことを書き残している(G. Basden, *Among the Ibos of Nigeria*)。

銅銭の帝国

最小額面の原子通貨を基準に貨幣システムが構築されたといっても、当初の中国王朝は一銭の単位を保ちながら、その重量を軽量化させていた。投入できる銅資源が限られているという条件において、小額通貨の追加供給を継続していくためには、一銭の金属内容を切り下げていくしかなかったのである。唐代以前、すなわち後漢から六朝にかけての南中国では銅銭の軽量化が進んでいったことは疑いない。しかし、短期的な変動を除くと、同じ時期を通して銅銭で建てた物価は上がるどころか、むしろ下落している。史書の記述をそのまま受け取ると、後漢以降の王朝は通貨の貶質を際限なくつづけていたような印象を持ってしまうが、長期的には、銅銭の軽量化にもかかわらず、王朝は末端の貨幣需要に十分にこたえるだけの供給ができなかったのである。通貨不足を抜本的に解消しようとすると、南朝梁の武帝のように鉄銭に切り替えるというような選択肢をとらざるをえなくなる。

第一章で述べたように、中華帝国を再統一した隋唐は、南朝が流通させてきた軽量銅銭を廃貨し、費用が高くつく重くて精美な開元通宝を採用し鋳造をつづける。唐政府は開元銭を基層で実際に流通させるほどの量は鋳造できなかったが、銅銭一枚に値する「文」を価格の単位として建てる取引を浸透させた。中国がふたたび分裂する五代十国時代、南方の諸国は銅銭とは別に大量の錫、鉛、鉄の卑金属からなる通貨を発行することにより、記号としての「文」に実体を与え、基層の小農たちの通貨需要にこたえる。その南方諸国を併合して中国を再々統一した北宋は、鉄銭使用地域を残しつつも、開元銭の規格に沿った良貨で通貨の統一をはかろうとする。北からの征服者が良貨供給をもって南方の低コスト通貨を廃貨する過程が繰り返されたのは偶然ではないであろう。貨幣需給のありようが大いに異なる諸地域を統合しようとする時、受領者にとってお得感のある良貨を頒布した方が既存の低コスト通貨を代替しやすい。

しかし、高規格な銅銭を普及させようとすると経費がかさむことになり、どうしても鋳造量を抑えざるをえなくなって、「文」がふたたび記号化しかねない。その難題から宋朝を救ったのが硫化銅製錬による一一世紀の銅の大増産であった。その銅生産に依拠して、半世紀の間、高い規格を守ったままで、損失を出さずに世界史上まれな大量の銅銭を鋳造しつづけることができた。そして、この時に鋳造されたおよそ二〇〇〇億枚の精美な銅銭が、中国大陸のみならず、その周辺を含めた東アジアの経済と社会のあり方に大きな影響をもたらすことになる。緑青を帯びた精美な銅銭は、一文の額面のままで原子通貨として東アジアのエンドユーザーたちの手元にとどまりつづける。やがて中国での銅生産が衰え、同じ規格の銅銭を鋳造する費用が一文をはるかに超えることとなるが、通貨当局が素材価値を落とした高額面の新通貨をおしつけようとしても、一文の良質古銭が出回る基層で額面通りに通用するわけがなかった。

民の便のための通貨

そもそも、中華帝国を興した秦漢王朝は、少ない費用で通貨を鋳造して差益を得ることよりも、基層へ原子通貨を浸透させることを行財政の基礎としていた。農民が作物を売ることで得た通貨を、徴税や専売を通して回収することで歳入を維持していたからである。基層における交換への財政の依存は、政府をして徴収の手段である原子通貨の規格を高く設定させた。一方で「穀賤傷農」すなわち穀物の売値が安いために農民が苦しむという状況を、為政者は避けねばならないとする思想が、良貨である五銖銭が普及した前漢の昭帝期(在位前八七―前七四)に、すでに現れている(『漢書』巻七)。作物の廉価を免れるためには原子通貨を豊富に基層において流通させねばならないが、そのためには通貨の貶質化は避けられなくなる。南北朝期と五代十国期の二度の政治的分裂は、この矛盾する二つの通貨政策を、良貨の北と悪貨の南というように、地理的に分有させせることとなった。繰り返しになるが、中国を再々統一した北宋が、貶質化させることなく十分な量の原子通貨としての銅銭を鋳造することができたのは、硫化銅製錬という技術革新のおかげであった。ともあれこの政策上の矛盾を克服して、北宋が良質な原子通貨を大量に鋳造して貨幣システムを再構築したことが、中国、ひいては東アジアの貨幣システムを世界史的に見て特異なものとする。

しかし、ただ鋳造さえすれば基層に通貨が届くというわけではない。第一章で言及した『夢渓筆談』の作者として知られ、北宋期の財務官僚として活躍した沈括は次のようなことを主張している。一〇〇貫の銅銭はただとどまっていては一〇〇年たっても一〇〇貫のままだが、一〇〇貫の銅銭が一〇戸の家計の間に流通すると、同じ額の銅銭が一〇倍の一〇〇〇貫の効力を発揮する、と。北宋による史上最大の銅銭鋳造の真っただ中の一〇七七年のことである(『続資治通鑑長編』巻二八三)。伝統中国の知識人たちは、通貨は単に資産として存在しているのではなく、人々の間の交換を媒介するためにこそある、ということを長い歴史を通して熟知していた。秦をはじめとして歴代の中国政府が、おりおりに撰銭を禁じたのは、基層での通貨の流通が阻害されることを恐れたからである。

第五章で紹介した明の丘濬にいたっては、天下に通貨が流通するのは民の便のためである、とはっきり論ずる(『大学衍義補』巻二五)。だからこそ、経費をいとわずに良貨を国家が供給すべきだ、と主張したわけである。銅銭五枚を銀一分（銅銭七枚相当）の費用をかけて発行するのは、王朝には欠損であっても、あわせて一二文の価値を天下にもたらす積極的な意義がある、という楊成の主張は、現代に生きるわれわれには奇異に聞こえる。しかし、如上のような国家による基層での原子通貨流通保持を重視する思想的脈絡をふまえると、けっして奇想天外なものではなかったことがわかるであろう。

さて日本では、似たような話として、鎌倉時代の青砥《あおと》藤綱《ふじつな》の故事が伝わる。執権北条時頼《ほうじょうときより》（在職一二四六―一二五六）を支える御家人の一人である藤綱が、夜分に滑川《なめりがわ》を渡る時に巾着から一〇文の銅銭を水中に落としてしまう。五〇文を費やして松明を購い、それら一〇文を拾い上げた藤綱の行いを他人がいぶかると、五〇文に一〇文を加えて六〇文が出回るのだから天下は得をしたことになる、と藤綱が応じたという話が『太平記』に記されている。この逸話も、これだけを切り離して耳にすると、奇をてらったように聞こえてしまう。しかし中国の通貨思想の流れをふまえるならば、藤綱は、原子通貨の基層での流通を重んじる東アジア特有の経世思想によく親しんだ人物であった、ということになるのかもしれない。

商品としての銅銭

さて、繰り返し述べてきたように、中世東アジアの貨幣使用の根幹をなしたのは銅銭である。

金や銀といった貴金属を素材に通貨を造る場合と、銅や鉄といった汎用性の高い金属で通貨鋳造をする場合との大きな違いの一つは、前者の場合、銀の工業的需要が強くなる一九世紀末以前は、素材への需給が通貨としての需給に大きな影響を及ぼすことがなかったのに対して、後者の場合、素材への需給の変動が通貨の需給を逼迫させることがあった点である。

一三―一四世紀の世界において、北宋の鋳造したおよそ二〇〇〇億枚の銅銭は、最大の銅のストックでもあった。中国内地の硫化銅鉱脈が枯渇し、他に有力な鉱山も現れなかったので、潜在的に宋銭は最も安価な銅器製造のための原料となった。三宅俊彦が発見したように、北宋の鋳造した大銭は東アジアの中国から見た周辺の地域において出土する傾向がある（三宅俊彦［二〇一一五世紀東ユーラシアにおける銭貨流通］）。大銭は鋳造した王朝が一文より高い額面を指定して発行したものであったが、その王朝の支配下においてさえ額面通りに通用したことはまれであった。日本の中世の遺構から、大銭の外枠をわざわざ削って小平（一文）銭の大きさに合わせたものが出土するように、大きさの違う大銭を緡《さし》に差し込むとでこぼこができてまとめづらくなるので、大銭は通貨として使用するにはむしろ邪魔なものであった。通貨として中国銅銭を使用しているとはいいがたい、中国から見て東北辺境の地域に大銭が残されていたのは、銅器や装飾品などの素材としての用途があったからにほかならない。中世琉球における銅銭の出土状況も同様に、やはり大銭がまとまって残置されたものや、意図的に銅銭を破砕した遺構があるなど、金属素材としての中国古銭の用途を示唆している（宮城弘樹「琉球出土銭貨の研究」）。

中国から三世紀以上遅れて一五世紀から硫化銅製錬がはじまった日本列島の銅生産増加は、そうした宋銭の素材としての商品価値を大いに下落させた。安価な日本銅を原料として鋳造される模造銭に対して、古銭の通貨としての価値を守ろうとする動きが環シナ海地域で起こったのが撰銭慣行の本質であった、というのが本書が明らかにしたことである。

安くなった銅を原料として古銭を模造する業者にとって、たまたま出荷先での用途が通貨であるというだけで、模造古銭はあくまで商品にすぎない。円形方孔であればよいからともかく数がほしい、という発注があれば規格を低くして模造するだろうし、特定の年号銭が高く売りさばけることを見越して銭銘の明瞭なものを求められたなら、高い規格で製造したであろう。

一四三六年から一五〇三年まで明は銅銭の正式の鋳造を停止していたのであるが、第五章で述べたように、その間古銭模造業者たちこそが鋳銭の技術を伝承していたため、明政府は鋳造再開に際して、私鋳の職人たちを免罪して北京の宝源局で鋳銭に従事させる、という現実的な対応をも検討せざるをえなかった。

一七世紀に入って明の銅銭鋳造は本格化するが、南京生まれの官僚顧起元《こきげん》は、南京の鋳銭職人たちが宝源局停業中に私鋳に従事し、官銭と見分けがつかないようなものを市中に安く売りだしている、と記述している（『客座贅語』巻四）。さらに清代になると「局私」という言葉が現れる。財源不足に苦しむ地方の鋳銭局が、中央政府の規格よりも質を落として鋳造した銅銭を指す（W. Burger, *Ch'ing Cash until 1735*）。私鋳の罪は死刑をもって罰せられることとなっているものの、現実には官による鋳造と私的な鋳造との間の垣根は非常に低かった。そうした史実を考慮せずに、出土した銅銭の外形にだけ依拠して、銭銘が明瞭で十分な重量があれば官銭で、そうでなければ私鋳銭だなどと判断していては、いにしえの模造業者たちの技にまんまとはめられたということになりかねない。

東アジアの銀貨幣

第三章で述べたように、一一世紀に鋳造された古銭と一五世紀になってから模造された新銭の併存は東アジア各地に撰銭という現象をもたらした。銅銭の階層化が地域ごとの特殊性を持ちながら進んでいく中で、並行して起こったのが、基層での銀建て取引による銭建て取引の代替である。銅銭の画一性が失われることによって、貸借を銅銭で建てることがむずかしくなった。たとえば二〇〇〇文を借りて翌年に返済するという契約を結んだとして、どの銅銭で返却すべきなのかが紛争の種になりかねない。一五五〇年頃に刊行された江南の呉江《ごこう》の県志は、明の成化年間（一四六五―一四八七）まで農民は借金を銀か銅銭で収穫後に返済するのが常であったのが、最近は銅銭の流通に問題があるため銀か米で返済するようになった、と記している（『嘉靖呉江県志』巻一三)。

租税支払いの銀納化は一五世紀から進行していたのだが、『呉江県志』の記載のように、基層の取引において銅銭を代替するほど銀が浸透していくのは、一六世紀の半ばあたりからである。この民間での銀建て取引の普及が、同時期に進行する賦税と徭役を銀納で一本化していく一条鞭法《いちじょうべんぽう》の施行の背景にあった。第三章でとりあげた『漳浦県志』は、以前は銀の秤などまず見かけなかったのに、最近は銅銭を使わなくなり、銀を計って取引することが普及してきたので、人里離れた村でも銀の秤を見ないことはない、と記す。一六〇〇年頃の状況と思われる。

絹など、当時世界で最も付加価値の高い商品と引き換えに大量の銀が日本、そして南米から中国に流入してきたのだが、中国では、公私ともに銀貨を鋳造することなく、銀塊や銀片を鋏で切り、秤で計って使用しつづけた。一七世紀後半を安徽の農村部に暮らした詹元相《せんげんしょう》の日記は、銅銭を使う機会は限られていて、ほとんどの取引を銀の秤量によっておこなっていたことを示してくれている。

中国史全体を通して見ると、漢代以来、地域間決済手段としての役割をはたしてきた物品貨幣である絹を、宋代以降徐々に代替することで銀は貨幣として普及していった。歴代の王朝が絹通貨を発行することがなかったように、行財政が銀建てに移行した後も、銀通貨を発行することは一九世紀末までなかった。中国王朝にとってそもそも銀錠は、歳入を貯めておく目的を主として鋳造されたもので、支出される際の便を想定したものではおよそなかった。そのことを端的に示す事例がある。清末の外交・財務に活躍した張蔭桓《ちょういんかん》が一八九八年に戸部の銀庫を視察したところ、三二枚の大きな銀錠を見かけた。そのうち一六〇〇両(約六〇キロ)の重さの四枚には鋳造者名とともに「嘉靖丁未」(一五四七年)と明の鋳造年が刻まれており、同様に五〇〇両の二二枚は「万暦辛卯」(一五九一年)、同じく七枚が万暦三八年(一六一〇)、九枚が万暦四五年(一六一七)の鋳造年を刻されていた(『張蔭桓日記』)。明清王朝交替や対太平天国内戦など財政赤字をもたらす大動乱を経たにもかかわらず、それらの銀塊は使用されず三〇〇年前後もの間、北京の銀庫にとどまりつづけたのである。

結局、原子通貨たる銅銭を基礎として上位の額面を組み立てる構造が堅固に根づいていたため、銅銭とは別建ての高額通貨を基礎とする額面体系を導入することなど、考えもつかないことなのであった。元朝は秤量銀建てで行財政をおこない、彼らが流通させた紙幣も銀両建てで換算していたが、しかし彼らでさえ、券面に銅銭の画像を刷り込んだ貫建ての紙幣を維持しなければならなかった。

一六世紀に世界最大級の銀産国となり、中国に大量の銀を輸出した日本だが、列島内で銀の貨幣的使用が盛んになるのは一六世紀も末になってからのことである。同時に銀を秤で計ることが広まりはじめる。世界のほかの地域とは違い、東アジアでは基本的に銀は計数貨幣ではなく秤量貨幣として機能した。しかし、日本は銀産国でありながら、中国東南沿岸部でのように農村部にまで秤が普及して銀片が流通するということにはならなかった。加藤慶一郎によると、一七世紀初頭、大坂近郊の平野では銀の匁建てで木綿の集荷がおこなわれていたが、生産者の農民たちは銀片を秤量しての支払いをきらい、代わりに集荷する商人たちが振り出す銀の匁を単位とした私札(銀札)を受け取った(加藤慶一郎「日本近世の「私札」」)。第三章でふれた木地屋銀札と同様に、これらの銀札は回収されることを通して受領性を保った。

そもそも当時流通していた銀はその品位にばらつきがあり、受領において専門業者に鑑定を依頼することも往々にしてあった(川戸貴史『中近世日本の貨幣流通秩序』)。状況は同じであったが、それでも中国の基層の取引者たちは自ら貨幣を吟味し選ぶことをいとわなかった。日本の末端の小生産者たちはそうした労をあえてとることはせず、上位の市場と中継してくれる商人たちの支払い手段である銀札を受け入れたのである。基層での通貨流通のあり方は農民たちの経営の独立性の高低と深く関わっていた。貨幣システムの違いは人々の間の関わり方の多様性を反映するものなのである。

マリア・テレジア銀貨——もうひとつの渡来古銭

さて、過去の製造年代を刻した異邦の通貨が支配的に流通するというのは、東アジアの銅銭に限られた現象ではない。

ハプスブルク帝国女帝の像を彼女の逝去年である一七八〇とともに刻したマリア・テレジア銀貨は、オーストリア国内では一八六〇年に廃貨されたにもかかわらず、北アフリカから中東にかけての地域で流通をつづけ、紅海周辺とエチオピアでは一九三〇年代になってもなお主要な通貨として機能しつづけた。エチオピアの皇帝や当該地域の植民地化をはかるイタリア当局は、彼らの発行する銀貨でマリア・テレジア銀貨を代替しようとするが、容易に除くことはできなかった。

長期的に見ると、マリア・テレジア銀貨の英ポンドとの交換比率は銀のロンドン相場とほぼ連動しており、同銀貨の需給が素材の銀の需給から独立していたわけではないことがわかる。しかし、現地の人々は同銀貨を単に定量の銀を保証するものとして受領していたわけではない。その銀を購入する費用、造幣する費用、トリエステなどから運送する費用を足しても、紅海南端のアデンでの相場には及ばなかった。本書で述べてきた一五世紀以降の宋銭のように過高評価されていたわけである。そして、その差益ゆえにオーストリアは同銀貨を製造しつづけた。

マリア・テレジア銀貨のように、特定の地域において、持ち込むための諸々の費用を超えて高く評価された古い通貨は世界史上まれではない。一八世紀に製造されたスペイン銀貨は、一九世紀初めの南米諸国独立の後、上海などの地域で一九世紀を通じて過高評価されつづけた。

安徽省の広東向け米穀移出業においてスペイン銀貨建て取引が二〇世紀初めまで残存したように、特定のビジネスと特定の通貨がタイアップしていた事例が多い。そうした特定の地域や業種の取引と特定の貨幣がペアをなしている現象を、私は日本語では支払協同体、英語では currency circuit と呼称してきた。「通貨回路」は世界史上頻繁に現れたのだが、紅海沿岸のマリア・テレジア銀貨流通は一九四〇年代まで残存していただけに、そうした通貨回路の具体像を探ることができる貴重な事例である。

他の通貨に比べて、アデンではマリア・テレジア銀貨は割高なのであるから、現地での保有者はルピー銀貨などと交換すると差益を得ることができたはずである。もし、たくさんの保有者がそうした裁定取引に従事したなら、やがて差益は消滅していたであろう。しかし現地の取引者たちはそうしなかった。理由は簡単である。同銀貨を使って、コーヒーや皮革などを集荷して得る利益の方が、通貨間の裁定取引による利益よりも大きかったからである。英ポンドやルピー銀貨で集荷しようとしてもままならず、できてもかえって割高にしかならない。コーヒーを売ってマリア・テレジア銀貨を入手した者がそれを小麦と交換するなどして、同銀貨は転々と流通していく。こうしたスポットの売り買いの連鎖を支えていくことは、他の通貨ではうまくいかない。そうした通貨回路の存在が、紅海周辺で二〇世紀初頭までマリア・テレジア銀貨を過高評価させつづけた。

大きな銀貨であるので、本書で述べてきた銅銭よりは滞留性向は低かったであろう。しかしそれでも、時にマリア・テレジア銀貨の供給の停止は紅海沿岸の取引にパニックをもたらした。誰にも正確な見積もりはできないが、二〇世紀初頭、紅海周辺の地域には五〇〇〇万枚とも一億枚ともいわれるマリア・テレジア銀貨が存在していたとされる。にもかかわらず、一九三六年、エチオピアの植民地化を進めるため、ムッソリーニがオーストリアから発行権を譲り受けていた同銀貨の製造と輸出を停止すると、アデンのマリア・テレジア銀貨相場は急騰し、紅海地域の取引はたちまちパニックに陥った。スポット取引が主であるかぎり、通貨の追加供給停止は取引をすぐに阻害するのである(*A. Kuroda, A Global History of Money*)。二〇世紀においてもそうなのであるから、第四章で述べたような、福建からの模造古銭供給の停止が短期間で西日本の取引に影響を与えたということも、さして驚くべきではないことがわかるであろう。

物価と通貨

これまで、通貨の流通の変動が引き起こした歴史上の問題について述べてきた。では、どうしてそれほど通貨の需給が当時の人々にとって重要であったのだろうか。通貨が多く出回ると物の値段が上がり、少ないと下がる、と考えられており、本書も中長期の物価動向についてはそうした理解に沿って叙述してきた。重要なのは物の需給のバランスであって、通貨はただその交換を媒介しているだけだ、と思われがちである。だが、基層での短期の物価変動に目を向けると、けっして通貨は中立的に売買を媒介しているのではなく、むしろ通貨の供給こそが売買を基礎づけていることが見えてくる。これまで本書で述べた事象に関わる事例について見てみよう。

一九三九年五月、アデンはマリア・テレジア銀貨の供給不足に陥っていた。すると、野菜、卵、肉といった生活必需品の価格が急騰する。大英図書館旧インド省文書に残された在アデン英国領事館の本国宛通信によると、マリア・テレジア銀貨の不足により内陸部の商人がそれらの商品を売り込みに来るのを控えるようになったからであった(British Library, Indian Office, F1863/1939)。通貨の流通減少が、物価の下落ではなく、逆に上昇をもたらしたのである。現代の報告であるだけに信憑性が高く、以下に述べるより古い時代の叙述がけっして虚構や誤った伝聞ではなかったことを示唆してくれる。

一二八二年、フビライに仕えた程鉅夫は一二七六年にモンゴルに征服された故郷の江南の実情を報告した。その中で程は、江南での銅銭流通を禁止したため小額通貨の不足が人々の生活を苦しめている、と述べている。曰く、小額通貨が足りないため、以前は三分から五分であった物価が一〇分に上がっている、と。中統鈔で三〇文から五〇文であった物価が一〇〇文に上がっている、ということであろう(『雪楼集』巻一〇)。

一四八一年、第三章で述べたように、新銭の増加ではなく、撰銭が物価を急騰させている、と北京の住民はうったえ、一五一二年、甲斐の都留郡では撰銭のため売買が成り立たず米価が上昇した、と常在寺の僧侶は記している（中島圭一「撰銭再考」）。一六一一年、第五章で紹介したように、南京では当局による模造古銭使用の禁止が商店に売値を上げさせたため、白昼府知事を取り囲むという暴動が勃発した。遠い過去の話ばかりではない。一九三九年六月、法幣による幣制改革以降、小額通貨不足に苦しんできた上海で、商店が一・五角であったものを二角にする、というように売値を切り上げることが問題となっている（『申報』）。

最後の事例などは貪欲な商人が小銭不足を口実に暴利をむさぼろうとしている、というように受け取られるかもしれない。だが、小額通貨が足りないなら、値段の端数を切り上げるに足るだけ売る商品の重量や大きさを増やすという顧客とのやりとりもありえる。長く欧州中世貨幣史研究を先導したピーター・スパッフォードは、一三世紀のイングランドのパン屋は、一ローフを銀貨一ペンスの値段にしておき、小麦が高くなるとローフの大きさを小さくし、安くなるとローフを大きくして調節していたことを明らかにした。一ペンス銀貨が原子通貨になっていて、それより下の価格の調整がむずかしかったからである（P. Spufford, *Money and its Use in Medieval Europe*）。同様の事例は地域や時代を超えて現れている。上述の一九三九年の上海の商店の場合、一・五合の米を一・五角で売っていたのが、一角未満の通貨が不足しているのが問題であったのなら、二角の通貨で二合の米を売る、というようにするだけでよかったのではと思えてしまう。しかし、第一章で述べたように、その日の手取り収入によって何とか生計をたてている多くの庶民を相手にして、小額通貨不足対策のために毎日の小売取引の最低規模を引き上げるのは、なかなかできない相談なのであった。

そもそも物価とは、ある市場でのある時点における、物の買いやすさあるいは売りやすさの指標である。消費者である買い手が、穀物などを買いにくくなれば、物価が高いと感じる。あるいは逆に、生産者である売り手が、売っても望むほどの代価を得にくければ、物価が低いということになる。歴史上、貶質した通貨が消費者をして買いにくくさせる要因となった例は間違いなくたくさんある。中国においても『史記』『漢書』のころから、素材価値を落とした通貨の発行が物価の騰貴を招いたとの記述は枚挙にいとまがない。史上悪名高い、後漢末の董卓《とうたく》による銭銘のない小銭発行や、南朝梁の武帝の鉄銭鋳造は、既存の五銖銭などを保有していた者にとっては、およそ物を売りにくくさせる状況であったに違いない。売り手が極端に売り渋ると、どうしても入手しないといけない買い手は「荷車に鉄銭を山積」して市場にでかける、ということになる。

しかしながら、通貨供給が増加すると物価が上がり、逆に減少すると下がるという、流布している貨幣数量説の枠組みにしたがってしまうと、物価が上がるのは貨幣供給が増えていたからだ、あるいは物価が上がらないのは貨幣供給が足りないからだ、と逆の因果を当然視してしまいがちになる。だが、そもそも当局による通貨供給の増減が基層の交易の場において出回る通貨の増減に直結するわけではない。他の条件が安定していた場合、中長期的にエンドユーザーの手元に出回る通貨が増加していると、その通貨で記帳される物価は上がる傾向にあり、減少していると下落する傾向にある、とみなしてよさそうではある。実際、後漢から南朝にかけて、銅銭の軽量化にもかかわらず物価は下落した。また公的通貨供給がなかった一五世紀中国の物価水準は他の時代よりも低い。だが、短期での急な通貨供給の増減は他の重要な条件を変化させている可能性が高い。

貨幣数量説すなわち、M（貨幣供給）×V（流通速度）＝T（取引商品量）×P（価格）は、MとTが独立した関係にあることを前提としている。だからこそ、モデルにおいては、貨幣供給が減ると、取引量は不変で、物価は下がるはずである。しかし歴史上の事実は、必ずしも供給される貨幣の量と出回る商品の量が独立しているわけではないことを示す。一九三九年のアデンの事例は、マリア・テレジア銀貨を得にくい条件が商品のアデンへの搬入を抑制したわけで、TはMから独立していたどころか、むしろMに依存していたことになる。

さらに中国の事例は、特に日常取引を支える小額通貨の不足が物価を引き上げる場合があったことを示している。多数の小生産者と多数の零細商人が市場で取引する社会においては、小口取引が絶え間なく繰り返される。その匿名小口取引を媒介していた小額通貨の供給が何らかの理由で急減すると、とたんに売買が成り立たなくなり、物は入手しにくくなる。そもそも小生産者たちどうしの交換を基本としている場であるから、取引の規模を大きくして小額通貨不足に対応することなどとうていできない。売買不成立の状態を反映して、その通貨で建てられた物価は下がるどころかむしろ上がるのである。二〇世紀の農村調査は、中国の農民は農村市場での相場が低い時には売り控えるほど戦略的であったことを明らかにしている。都市に売り込みに来る行商人も同様である。短期に出回る通貨が少なくなった場合、その分だけ持ち込んだ商品を安く売る小農や小売業者などきわめてまれである。売り物を持ち帰り、相場の好転を待つか自家消費するだけであろう。この場合も、TはMに依存していた、といえる(A. Kuroda, *A Global History of Money*)。

通貨と市場

通貨には、見ず知らずの者どうしの匿名での交換を媒介する効能がある。口約束でも、店の黒板への書付でも、商人の帳簿への記帳でも、はたまた署名つきの紙片を手渡すことでも取引はできる。しかし、それらはすべて、素性を明らかにした者どうしの指名的な関係においてのみ成り立つものである。多くの売り手と買い手が集まって値段の交渉をする市場(いちば)を成り立たせるには、まず彼らが通貨として共に認知しているものがないとうまくいかないであろう。けっして想像上の話をしているのではない。一八世紀に守山《もりやま》藩（現福島県郡山市の一部）が領内に定期市を復活させようとしたが、藩は商人たちを呼び集めるためのインセンティブとして小額面の藩札の発行をまず計画している（阿部善雄『駈入り農民史』）。外部からの行商人たちも来るが、定期市に集まるのは圧倒的に近場の農民たちである。彼らは売れそうなものを担ぎ込み、それを売って得た通貨で何かを買って帰るのであるが、彼らの零細な取引規模に見合った通貨が容易に入手できるなら、商人たちも集まりやすい。第二章で、中国銅銭の流入が結果として日本列島内での定期市勃興を刺激したことを論じたが、こうした後の時代の事例は、市場の発生が先行して通貨を創り出すというよりも、通貨供給が市場の形成をうながす場合がある、という観測を支持してくれる。やはり、取引の規模（T）は貨幣供給のあり方（M）に依存していると一八世紀の現場の実務家たちも認識していた、ということにもなろう。

　日本、あるいは東アジアの事例にとどまることではない。図10はその中世日本における定期市設立の半世紀ごとの推移を、同時代のオランダでの地方市場設立の推移と対比させたものである。一四世紀をピークとしてほとんど同調している。繰り返し述べたように、日本では元の廃貨政策による中国銅銭の供給の推移がこの市場開設の波と連動していた。オランダの市場開設動向は、同時代の銀貨供給の推移と並行する。銅銭と銀貨、という違いの重要性は留意して

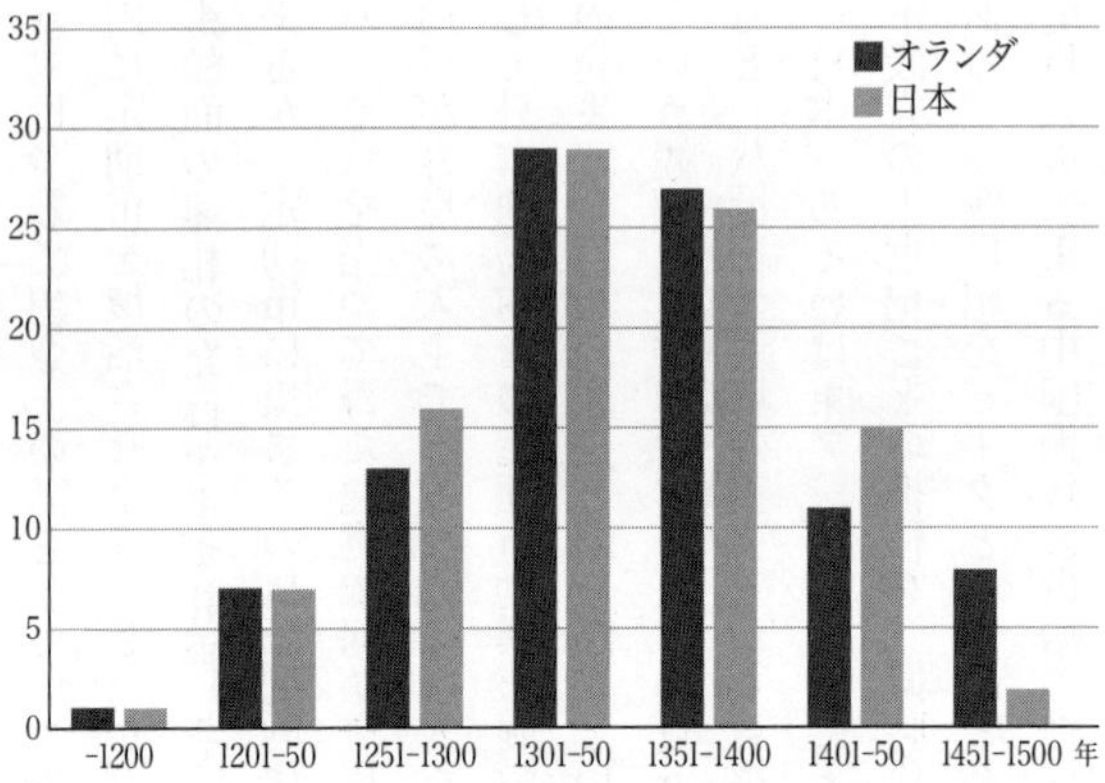

図 10　オランダと日本における地方市場設立の推移(1200–1500年)

出典：(オランダ) Jessica Dijkman, *Shaping Medieval Markets: The Organisation of Commodity Markets in Holland, c. 1200–c. 1450*, Leiden, Brill, 2011, p. 43.（日本）豊田武『中世日本商業史の研究』岩波書店，1952 年，112–118 頁．作図＝前田茂実

おくべきなのだが、どちらもモンゴル統治下の中国江南における政策に起因する。一二七六年、モンゴル軍が南宋の首都臨安を落とし江南を制圧すると、モンゴル帝国の統治制度にしたがって投下と呼ばれる飛び地を、キプチャクなどの西方ハン国のために各地に設置する。投下領内での各戸への課税は紙幣建てでなされたが、紙幣が通用しない西方への送金は銀錠でおこなわれた。絹や磁器を生産する豊かな江南から中央アジア、西アジアそして南ロシアへ銀が貢納として流出するという、空前絶後のことが起こったのである。はたして、モルドバ国立歴史博物館蔵の一四世紀半ばのキプチャク・ハン国遺構出土の銀錠は、バブル状の表面な

ど中国起源の特徴を持つ。ロンドン造幣局などに残る銀貨発行額の年次推移は、この貢納の波と同調しており、同時代のヨーロッパの商業活動の盛衰は、第二章で論じた中国古銭流出に伴う環シナ海交易の栄枯とともに、全ユーラシア的な通貨変動の一部なのであった(A. Kuroda, *A Global History of Money*)。

こうしたダイナミックな変動は、市場の勃興があって貨幣が生まれる、という枠組みにとらわれていると、見のがされかねない。人々の間に分業が生じ、彼らの間の交換が市場の形成をもたらし、また交換の手段として貨幣が生まれる、というアリストテレス以来の因果認識は根強い。しかし、実際に社会の基層に起こったことに着目し、かつその多様性に地域を超えて目配りするなら、そうした枠組みは、むしろ、当てはまることもあるという程度の観念にすぎないことが明らかとなる。

ただし、これまで通貨供給が現場での取引を刺激したと思われる事例をあげてきたのだが、あくまで基層に届く通貨供給の場合である。むしろ本書の事例は、通貨供給が統計上増えているように見えても、通貨当局とその周辺の組織の帳簿上の数値が膨らんでいるだけでは、実際の現場の取引に対する効果はないということを、二一世紀の脱デフレ金融政策の結果をすでに知るわれわれに明示してくれているのではなかろうか。貨幣数量説などの理論はあくまで現実を説明するための手段の一つにすぎないのであって、通りの良い理論の枠に現実をはめ込んでしまって、かえって基層の実情を見損なわないようにしなければならない。歴史はそのことを教えてくれている。

あとがき

「撰銭」という事象を高校の日本史で知った時、不思議に思ったものである。通貨の真贋を吟味することなど、どの時代でもありそうなのに、どうして室町時代にことさら問題になったのだろう、と。貫高制から石高制へ年貢賦課のシステムが変わるということも、なぜなのか腑に落ちなかった。それらは、そもそも中国の銅銭を中世の日本の人々が使用していたから起こったことなのだが、数百年もの長きにわたり列島の取引が異国の通貨に依存していたのはなぜなのか、はっきりとした説明がない、ということを知ったのは研究に従事しはじめてからである。

それらの疑問に対する本書の解答をかいつまんで言えば次のようになる。中国大陸で硫化銅鉱製錬技術により大量鋳造された古銭が割安な金属素材として日本列島にもたらされ、結果として基層での貨幣取引を促進した。三世紀遅れの硫化銅製錬導入により列島が世界的銅産地となると、古銭を保持する者たちがその価値の低落を防ぐため新銭を差別化する「撰銭」現象が東アジア一帯で現れる。そうした銭の階層化を基礎として、大陸から模造古銭を供給する自由鋳造システムがシナ海を囲むようにして繁茂するのだが、その供給が崩される過程で古銭に依存する貫高制も維持できなくなった、というものである。

本書は中世東アジアを主たる対象としているが、一〇〇〇万人前後の人々が住む日本列島において数百年間、私的な取引も公的な収支もともに異邦の小額通貨に依存していたという現象は、世界史的に見ても、そして貨幣論的見地からも、きわめて興味深いものである。後者に関わって中世東アジアが示しているのは、売り買いをする自由のある人々がある程度の規模で集まれば、租税を賦課する権力の介在なしに、貨幣は自生しうる、ということである。彼らの間で媒介手段として認知されてしまえば、それ自体の素材価値は二の次の問題となる。そうするとさまざまな貨幣たちが併存することになるが、競合併存する貨幣たちが自然と統合されていくことはない。

そのようにして、甲という地域でAという通貨がBという通貨よりも高く評価されて流通し、乙という地域でBがAよりも高く評価される状況が現れたなら、甲においてAをBに交換して乙に持ち込み利鞘をかせごうとする者が出てきそうなものである。そうした裁定取引が甲と乙の間の双方向につづけばAとBの間の価値差は縮まり通貨は統一の方向に向かうのではないか、と思われるかもしれない。しかし歴史上の交易者たちはけっして近視眼的に対応してあるべき貨幣統一を妨げていたわけではない。甲の地域でたとえば綿花の集荷がAの通貨をもって確立され、綿花を売りさばく利益がBの通貨との裁定取引によるそれよりも大きいのであれば、甲の交易者たちがAを手放す理由はない。ましてAが銅銭のように輸送費用が大きい原子通貨であればなおさらである。乙の地域がBの通貨でやはりたとえば生糸取引を発展させていたなら同様であろう。交易の現場で競う者たちは、通貨と通貨の間だけではなく、彼らにとって販売可能性のあるあらゆる財の間で利益の多寡を値踏みしたうえで売買に従事していたはずである。

もし何らかの事情で通貨Aの甲地域への供給が急減したらどうなるであろう。綿花の生産者たちは通貨供給が減少した分だけ安く売ろうとするだろうか。東アジアの小農たちのように独立性の高い経営者であれば、けっしてそのようなことはしまい。むしろ売り控えが広がり、どうしても緊急に綿花を買わなければいけない者は以前よりも高いA通貨建ての買値を示さないと入手できないということにもなろう。われわれの常識となってしまっている貨幣数量説とは逆に、通貨急減が物価を短期的に押し上げるという現象は、けっして不可解ではない。本書に紹介した事例がそれらのことを如実に物語ってくれている。

通貨間の裁定取引や物価に関する貨幣数量説などは状況を分析するのに有効な切り口であるには違いない。しかし社会科学における理論は往々にしてかなり強い限定条件を付しているものである。現実の人々の行い、そして社会の在り方を理解するためには、状況に応じてそれらの限定をはずして考える思考の弾力性を必要とする。現在流布する理論にそぐわない現象が起きていたとしても、歴史上の交易者たちは彼らのおかれた状況の中で彼らなりの最適解を探そうとしていたはずである。人類の歴史は、既存の理論の応用の場としてあるのではなく、未知の仕組みを照らし出す新たな概念をもたらす源であってほしいものである。

さて、中世東アジアにおける銅銭流通は、私にとって三〇年以上にわたって研究をしてきた題目である。この間いろいろな批判を受け、幾度となく見解を修正してきた。本書においても、過去の説明を改めた箇所が多々ある。ことに、一四八一年の北京撰銭問題における戸部の奏議と、一四八三年の遣明使節が受領した「新銭」についての解釈は、それぞれ大田由紀夫氏と橋本雄氏の指摘により改めた。

本書はたくさんの方々からの協力と示唆を得てはじめて形をなすことができたものである。櫻木晋一氏にはベトナムで実地調査されたハノイ出土銭の写真を提供していただいた。コロナ禍のころ、市立函館博物館を訪れ、志海苔埋蔵銭を実見させていただいたが、佐藤智雄氏の協力がなければ、本書で述べた知見は得られなかったであろう。涌元埋蔵銭と上雷埋蔵銭については、中村和之、高橋直樹両氏から貴重な情報を教示していただいた。両氏の指導により函館工業高等専門学校・埋蔵文化財研究会の学生の方々が作成した永楽銭のすばらしい拓本を掲載できたことは、うれしいかぎりである。

そうした物質資料はいうまでもなく、史料についても私自身の知識は限られているので、やはり多くの方々から教示をいただいた。『視履類編』の記事は連超氏に、『申報』のそれは大石田真弥氏による。ことに、本書において非常に重要な意味を持っている楠葉西忍の回顧は、故脇田晴子氏に教えていただいたものである。この示唆がなければ本書はなかったといっても過言ではない。記して謝す。

岩波書店の杉田守康氏には草稿を丁寧に読んでいただき、私のひとりよがりな文章を直していただいた。二十数年来英語での著述を主としてきたが、本書を作成する書店との作業を通して、日本の出版文化の高さをあらためて確認できたことは誠に幸いであった。

黒田明伸

二〇二五年一月一六日

世界史

- 魔女狩りのヨーロッパ史　池上俊一
- ジェンダー史10講　姫岡とし子
- 暴力とポピュリズムのアメリカ史　中野博文
- 感染症の歴史学　飯島　渉
- ヨーロッパ史 拡大と統合の力学　大月康弘
- アマゾン五〇〇〇年　丸山浩明
- ハイチ革命の世界史　浜　忠雄
- 軍と兵士のローマ帝国　井上文則
- 西洋書物史への扉　髙宮利行
- 「音楽の都」ウィーンの誕生　ジェラルド・グローマー
- マルクス・アウレリウス『自省録』のローマ帝国　南川高志
- 古代ギリシアの民主政　橋場　弦
- 曾国藩 「英雄」と中国史　岡本隆司
- 人種主義の歴史　平野千果子
- スポーツからみる東アジア史　高嶋　航
- スペイン史10講　立石博高
- ヒトラー　芝　健介
- ユーゴスラヴィア現代史〔新版〕　柴　宜弘
- 東南アジア史10講　古田元夫
- チャリティの帝国　金澤周作
- 太平天国　菊池秀明
- ドイツ統一　アンドレアス・レダー　板橋拓己訳
- 人口の中国史　上田　信
- カエサル　小池和子
- 世界遺産　中村俊介
- 奴隷船の世界史　布留川正博
- 独ソ戦 絶滅戦争の惨禍　大木　毅
- イタリア史10講　北村暁夫
- フランス現代史　小田中直樹
- 移民国家アメリカの歴史　貴堂嘉之
- フィレンツェ　池上俊一
- マーティン・ルーサー・キング　黒﨑　真
- ナポレオン　杉本淑彦
- ガンディー 平和を紡ぐ人　竹中千春
- イギリス現代史　長谷川貴彦
- ロシア革命 破局の8か月　池田嘉郎
- 天下と天朝の中国史　檀上　寛
- 孫　文　深町英夫
- 古代東アジアの女帝　入江曜子
- 新・韓国現代史　文　京洙
- ガリレオ裁判　田中一郎
- 人間・始皇帝　鶴間和幸
- 袁世凱　岡本隆司
- 二〇世紀の歴史　木畑洋一
- イギリス史10講　近藤和彦
- 植民地朝鮮と日本　趙　景達
- シルクロードの古代都市　加藤九祚
- 中華人民共和国史〔新版〕　天児　慧
- 物語 朝鮮王朝の滅亡◆　金　重明
- 新・ローマ帝国衰亡史　南川高志
- 近代朝鮮と日本　趙　景達
- マヤ文明　青山和夫

岩波新書新赤版一〇〇〇点に際して

ひとつの時代が終わったと言われて久しい。だが、その先にいかなる時代を展望するのか、私たちはその輪郭すら描きえていない。二〇世紀から持ち越した課題の多くは、未だ解決の緒を見つけることのできないままであり、二一世紀が新たに招きよせた問題も少なくない。グローバル資本主義の浸透、憎悪の連鎖、暴力の応酬――世界は混沌として深い不安の只中にある。

現代社会においては変化が常態となり、速さと新しさに絶対的な価値が与えられた。消費社会の深化と情報技術の革命は、種々の境界を無くし、人々の生活やコミュニケーションの様式を根底から変容させてきた。ライフスタイルは多様化し、一面では個人の生き方をそれぞれが選びとる時代が始まっている。同時に、新たな格差が生まれ、様々な次元での亀裂や分断が深まっている。社会や歴史に対する意識が揺らぎ、普遍的な理念に対する根本的な懐疑や、現実を変えることへの無力感がひそかに根を張りつつある。そして生きることに誰もが困難を覚える時代が到来している。

しかし、日常生活のそれぞれの場で、自由と民主主義を獲得し実践することを通じて、私たち自身がそうした閉塞を乗り超え、希望の時代の幕開けを告げてゆくことは不可能ではあるまい。そのために、いま求められていること――それは、個と個の間で開かれた対話を積み重ねながら、人間らしく生きることの条件について一人ひとりが粘り強く思考することではないか。その営みの糧となるものが、教養に外ならないと私たちは考える。歴史とは何か、よく生きるとはいかなることか、世界そして人間はどこへ向かうべきなのか――こうした根源的な問いとの格闘が、文化と知の厚みを作り出し、個人と社会を支える基盤としての教養となった。まさにそのような教養への道案内こそ、岩波新書が創刊以来、追求してきたことである。

岩波新書は、日中戦争下の一九三八年一一月に赤版として創刊された。創刊の辞は、道義の精神に則らない日本の行動を憂慮し、批判的精神と良心的行動の欠如を戒めつつ、現代人の現代的教養を刊行の目的とする、と謳っている。以後、青版、黄版、新赤版と装いを改めながら、合計二五〇〇点余りを世に問うてきた。そして、いままた新赤版が一〇〇〇点を迎えたのを機に、人間の理性と良心への信頼を再確認し、それに裏打ちされた文化を培っていく決意を込めて、新しい装丁のもとに再出発したいと思う。一冊一冊から吹き出す新風が一人でも多くの読者の許に届くこと、そして希望ある時代への想像力を豊かにかき立てることを切に願う。

（二〇〇六年四月）

黒田明伸

1958年，北海道生まれ．京都大学文学部卒，京都大学博士(経済学)．京都大学助手，大阪教育大学講師，名古屋大学助教授，東京大学教授を経て，
現在―台湾師範大学講座教授，東京大学名誉教授
著書―『中華帝国の構造と世界経済』(名古屋大学出版会)
『貨幣システムの世界史』(岩波現代文庫)
A Global History of Money (Routledge)
論文―'What is the Complementarity among Monies? An Introductory Note' (*Financial History Review*, 15. 1, 2008)
'Old Chinese Coins in Medieval Japan' (*Harvard Journal of Asiatic Studies*, 84. 1-2, 2024)

歴史のなかの貨幣
銅銭がつないだ東アジア　　岩波新書(新赤版)2057

2025年3月19日　第1刷発行

著　者　黒田明伸《くろだあきのぶ》

発行者　坂本政謙

発行所　株式会社 岩波書店
〒101-8002 東京都千代田区一ツ橋 2-5-5
案内 03-5210-4000　営業部 03-5210-4111
https://www.iwanami.co.jp/

新書編集部 03-5210-4054
https://www.iwanami.co.jp/sin/

印刷・三陽社　カバー・半七印刷　製本・中永製本

ISBN 978-4-00-432057-9　　Printed in Japan

主要参考文献

朝尾直弘「木地屋銀札について」『日本史研究』71，1964 年
東洋一「渡来銭と真土――鋳造環境からみた七条町・八条院町の立地条件」『京都市埋蔵文化財研究所紀要』10，2007 年
足立啓二『明清中国の経済構造』汲古書院，2012 年
安部健夫『元代史の研究』創文社，1972 年
阿部善雄『駈入り農民史』至文堂，1965 年
新井白石『折たく柴の記』岩波文庫，1999 年
新井宏「梵鐘と銅産の推移」『BOUNDARY』17，2000 年
荒川正夫「埼玉県大久保遺跡の一括出土銭と模造古銭」東北中世考古学会編『中世の出土模鋳銭』高志書院，2001 年
池田善文『長登銅山跡――長門に眠る日本最古の古代銅山』同成社，2015 年
市古尚三『明代貨幣史考』鳳書房，1977 年
市丸智子「元代における銀・鈔・銅銭の相互関係について――使用単位の分析を中心に」『九州大学東洋史論集』36，2008 年
伊藤啓介「中島圭一氏の「中世貨幣」論と中世前期貨幣史研究」『日本史研究』622，2014 年
伊東多三郎『近世史の研究――領国・鉱山・貨幣』吉川弘文館，1984 年
稲吉昭彦「中世後期における「撰銭」の実態――「悪銭替」と「悪銭売買」」『古文書研究』69，2010 年
井上正夫『東アジア国際通貨と中世日本――宋銭と為替からみた経済史』名古屋大学出版会，2022 年
井上泰也「成尋の『日記』を読む――『参天台五台山記』の金銭出納」『立命館文学』577，2002 年
伊原弘編『宋銭の世界』勉誠出版，2009 年
茨城県教育財団編『村松白根遺跡』2005 年
岩生成一『新版 朱印船貿易史の研究』吉川弘文館，1985 年
梅原郁「北宋時代の布帛と財政問題――和預買を中心に」『史林』47-2，1964 年
浦長瀬隆『中近世日本貨幣流通史――取引手段の変化と要因』勁草書房，

2001年
衛月望「壹拾文中統元宝交鈔考説」『中国銭幣』1985-4，1985年
榎本宗次『近世領国貨幣研究序説』東洋書院，1977年
王正旭・劉紹明『南陽歴史貨幣』科学出版社，1998年
汪聖鐸『両宋貨幣史』社会科学文献出版社，2016年
王徳泰『清代前期銭幣制度形態研究』中国社会科学出版社，2013年
王裕巽「試論明中後期的私鋳与物価」『中国銭幣』2001-3，2001年
大田由紀夫「12〜15世紀初頭東アジアにおける銅銭の流布 —— 日本・中国を中心として」『社会経済史学』61-2，1995年
大田由紀夫『銭躍る東シナ海 —— 貨幣と贅沢の15〜16世紀』講談社，2021年
岡山県赤磐市教育委員会編『赤磐市文化財調査報告6 向山宮岡遺跡・丸田遺跡・中屋遺跡の大量出土銭』2013年
荻生徂徠『政談』岩波文庫，1987年
小野正敏「銭と家財の所有」前掲『中世の出土模鋳銭』
夏湘蓉・李仲均・王根元編『中国古代礦業開発史』地質出版社，1980年
柿沼陽平『中国古代貨幣経済史研究』汲古書院，2011年
鹿毛敏夫『戦国大名の外交と都市・流通 —— 豊後大友氏と東アジア世界』思文閣出版，2006年
鹿児島県編『鹿児島県史』第2巻，1940年
加藤慶一郎「日本近世の「私札」—— 平野郷町を中心に」加藤慶一郎編『日本近世社会の展開と民間紙幣』塙書房，2021年
川岡勉「中世後期の貫高制と「石高制」」『ヒストリア』112，1986年
川戸貴史『戦国期の貨幣と経済』吉川弘文館，2008年
川戸貴史『中近世日本の貨幣流通秩序』勉誠出版，2017年
川根正教・石川功・植木真吾「寛永通宝銅銭の形態的特徴と金属成分分析」『日本考古学』12-20，2005年
神崎勝『冶金考古学概論』雄山閣，2006年
北九州市芸術文化振興財団埋蔵文化財調査室『黒崎城跡』11，2010年
黒田明伸『中華帝国の構造と世界経済』名古屋大学出版会，1994年
黒田明伸「唯‘錫’史観 —— なぜ精銭を供給しつづけられなかったのか」平尾良光・飯沼賢司・村井章介編『大航海時代の日本と金属交易』思文閣出版，2014年

黒田明伸『貨幣システムの世界史』岩波書店，2003年．増補新版，2014年．岩波現代文庫，2020年
黒田明伸「撰銭以前――志海苔古銭についての一考察」『市立函館博物館紀要』32，2022年
黒田俊雄『蒙古襲来』中央公論社，1965年
黄阿明「万暦三十九年留都鋳銭事件与両京応対」『中国銭幣』2012-2，2012年
高聰明『宋代貨幣与貨幣流通研究』河北大学出版社，2000年
古賀康士「17世紀における日本からベトナムへの銅銭輸出」鶴島博和編『前近代ユーラシア西部における貨幣と流通のシステムの構造と展開』科学研究費報告書，2017年
小葉田淳「中世に於ける日鮮銅貿易の研究」『社会経済史学』2-6，1932年
小葉田淳『日本鉱山史の研究』岩波書店，1968年
斎藤努「村松白根遺跡出土枝銭，銅銭の科学分析」前掲『村松白根遺跡』
斎藤努・高橋照彦・西川裕一「中世～近世初期に関する模鋳銭の理化学的研究」『金融研究』17-3，1998年
佐伯富『中国塩政史の研究』法律文化社，1987年
桜井英治「中世における物価の特性と消費者行動」『国立歴史民族博物館研究報告』113，2004年
桜井英治「銭貨のダイナミズム――中世から近世へ」鈴木公雄編『貨幣の地域史――中世から近世へ』岩波書店，2007年
桜井英治『交換・権力・文化――ひとつの日本中世社会論』みすず書房，2017年
櫻木晋一『貨幣考古学序説』慶應義塾大学出版会，2009年
佐々木銀弥『中世商品流通史の研究』法政大学出版局，1972年
笹本正治『中世の音・近世の音――鐘の音の結ぶ世界』講談社，2008年
佐脇栄智『後北条氏の基礎研究』吉川弘文館，1976年
施静菲「陶瓷資料庫的拼図――布朗(Roxanna M. Brown)博士的東南亜沈船研究」『故宮文物月刊』264，2005年
斯波義信『華僑』岩波新書，1995年
嶋谷和彦「中世の模鋳銭生産――堺出土の銭鋳型を中心に」『考古学ジャーナル』372，1994年
嶋谷和彦「堺の模鋳銭と成分分析」前掲『中世の出土模鋳銭』

朱宏秋「河南宋金時期銭幣窖蔵的初歩研究」『中国銭幣』2021-6，2021 年
周衛栄「我国古代黄銅鋳銭考略」『文物春秋』1991-2，1991 年
周衛栄『中国古代銭幣合金成分研究』中華書局，2004 年
周立「洛陽南関発現金代銭幣窖蔵」『中国銭幣』2006-3，2006 年
徐映璞『両浙史事叢編』浙江古籍出版社，1988 年
荘景輝『泉州港考古与海外交通史研究』岳麓書社，2006 年
昭和女子大学国際文化研究所『ベトナム北部の一括出土銭の調査研究』2008 年．同 2，2012 年
市立函館博物館『函館志海苔古銭――北海道中世備蓄古銭の報告書』1973 年
須川英徳「朝鮮時代の貨幣――「利権在上」をめぐる葛藤」歴史学研究会編『越境する貨幣』青木書店，1999 年
須川英徳「朝鮮前期の貨幣発行とその論理」池享編『銭貨――前近代日本の貨幣と国家』青木書店，2001 年
鈴木敦子「中世後期の経済発展と中国銭」前掲『銭貨』
鈴木公雄『出土銭貨の研究』東京大学出版会，1999 年
鈴木鋭彦『鎌倉時代畿内土地所有の研究』吉川弘文館，1978 年
関周一「東アジア海域の交流と対馬・博多」『歴史学研究』703，1997 年
高木久史「信長・秀吉の時代の織田」『越前町織田史 古代・中世編』越前町，2006 年
高木久史『日本中世貨幣史論』校倉書房，2010 年
高木久史「中近世移行期九州北部の銭の流通と生産に関する若干の事例」『安田女子大学 国語国文論集』42，2012 年
高木久史「17 世紀第 1 四半期の彦根藩経理記録にみる三貨制度成立の一階梯」『安田女子大学 国語国文論集』44，2015 年
高橋弘臣『元朝貨幣政策成立過程の研究』東洋書院，2000 年
多賀良寛「19 世紀ベトナムの銭貨流通における非制銭の位置づけ――「古号銭」の問題を中心に」『待兼山論叢 史学篇』49，2015 年
武野要子『藩貿易史の研究』ミネルヴァ書房，1979 年
田中浩司「16 世紀後期の京都大徳寺の帳簿史料からみた金・銀・米・銭の流通と機能」『国立歴史民俗博物館研究報告』113，2004 年
田原良信「再考 志海苔古銭と志苔館」『市立函館博物館研究紀要』14，2004 年

千枝大志『中近世伊勢神宮地域の貨幣と商業組織』岩田書院，2011 年
千枝大志「中世後期の貨幣と流通」『岩波講座日本歴史』8，岩波書店，2014 年
張瑞威「皇帝的銭包——明中葉宮廷消費与銅銭鋳造的関係」『新史学』22-4，2011 年
張瑞威「論法定貨幣的両個条件——明嘉靖朝銅銭政策的探討」『中国文化研究所学報』60，2015 年
張冬「明代九辺軍鎮鋳幣考論(上)(下)」『中国銭幣』2019-2・3，2019 年
張冬「崇禎通宝当五銭与晩明幣制変革」『中国銭幣』2020-1，2020 年
陳彦良『通貨緊縮与膨脹的双重肆虐——魏晋南北朝貨幣史論』国立清華大学出版社，2013 年
陳鴻・陳邦賢「熙朝莆靖小記」中国社会科学院歴史研究所清史研究室編『清史資料』1，中華書局，1980 年
陳存仁『銀元時代生活史』広西師範大学出版社，2007 年
坪井良平『日本の梵鐘』角川書店，1970 年
坪井良平『日本古鐘銘集成』角川書店，1972 年
坪井良平『朝鮮鐘』角川書店，1974 年
坪井良平『歴史考古学の研究』 ビジネス教育出版社，1984 年
豊田武『中世日本商業史の研究』岩波書店，1952 年
永井久美男「模鋳銭の全国的様相」前掲『中世の出土模鋳銭』
中島楽章「撰銭の世紀——1460～1560 年代の東アジア銭貨流通」『史学研究』277，2012 年
中島圭一「日本の中世貨幣と国家」前掲『越境する貨幣』
中島圭一「撰銭再考」小野正敏・五味文彦・萩原三雄編『モノとココロの資料学——中世史料論の新段階』高志書院，2005 年
中島圭一「「中世貨幣」成立期における朝廷の渡来銭政策の再検討」『日本史研究』622，2014 年
中島圭一編『日本の中世貨幣と東アジア』勉誠出版，2022 年
中嶋敏『宋代史研究とその周辺』汲古書院，1988 年
中村和之・高橋直樹・高村耕平・高橋大翼・渡邉恵太・千葉元気「知内町涌元古銭の調査―第 1 報」2009 年(http://www.maibun.org/news/2009/200905.pdf)
中村和之・高橋豊彦・高橋直樹「北海道知内町の上雷地区から出土した

古銭について」三宅俊彦編『東ユーラシアにおける貨幣考古学の基盤構築を目指した学際的研究』科学研究費報告書，2020 年
奈良国立博物館『平安鎌倉の金銅仏』1976 年
西本右子・佐々木稔「公鋳銭・模鋳銭の化学分析」『ぶんせき』2002-10, 2002 年
橋本雄「撰銭令と列島内外の銭貨流通——“銭の道”古琉球を位置づける試み」『出土銭貨』9，1998 年
橋本雄『中華幻想——唐物と外交の室町時代史』勉誠出版，2011 年
濱口福寿「隆慶万暦期の銭法の新展開」『東洋史研究』31-3，1972 年
潘無懼「由“承安寶貨”銀幣看金代貨幣制度的沿革」『中国銭幣』1991-3, 1991 年
日野開三郎「北宋時代に於ける銅・鉄の産出額に就いて」『東洋学報』22-1，1934 年
日野開三郎「北宋時代に於ける銅鉄銭の鋳造額に就いて」『史学雑誌』46-1，1935 年
日野開三郎『唐代両税法の研究』三一書房，1982 年
兵庫埋蔵銭調査会編『石在町出土銭と公智神社出土銭——西宮市中世期埋蔵銭の調査報告書』西宮市教育委員会，1994 年
平尾良光「鎌倉大仏の素材は中国銭」『Isotope News』656，2008 年
平尾良光「材料が語る中世——鉛同位体比測定から見た経筒」小田富士雄・平尾良光・飯沼賢司編『経筒が語る中世の世界』思文閣出版, 2008 年
平尾良光「鉛玉が語る日本の戦国時代における東南アジア交易」前掲『大航海時代の日本と金属交易』
藤井譲治「織田信長の撰銭令とその歴史的位置」『日本史研究』614, 2013 年
藤井譲治「近世貨幣論」『岩波講座日本歴史』11，岩波書店，2014 年
福建省銭幣学会編『福建貨幣史略』中華書局，2001 年
古澤義久「永樂通寶の日本流入に関する一考察」『七隈史学』23，2021 年
フロイス，ルイス『ヨーロッパ文化と日本文化』岡田章雄訳注，岩波文庫，1991 年
文化財庁・国立海洋遺物展示館編『新安船』国立海洋遺物展示館，2006 年
彭信威『中国貨幣史』上海人民出版社，1965 年

本多博之『戦国織豊期の貨幣と石高制』吉川弘文館，2006 年
前田直典『元朝史の研究』東京大学出版会，1973 年
松延康隆「銭と貨幣の観念」網野善彦・塚本学・宮田登編『列島の文化史』6，日本エディタースクール出版部，1989 年
馬淵和雄『鎌倉大仏の中世史』新人物往来社，1998 年
丸山雍成『参勤交代』吉川弘文館，2007 年
峰岸純夫「中世の「埋蔵銭」についての覚書――財産の危機管理の視点から」前掲『越境する貨幣』
峰岸純夫『中世荘園公領制と流通』岩田書院，2009 年
宮城弘樹「琉球出土銭貨の研究」『出土銭貨』28，2008 年
三宅俊彦「10–15 世紀東ユーラシアにおける銭貨流通」『東洋史研究』77–2，2018 年
宮澤知之『宋代中国の国家と経済――財政・市場・貨幣』創文社，1998 年
宮澤知之『中国銅銭の世界――銭貨から経済史へ』思文閣出版，2007 年
宮澤知之『中国前近代の貨幣と財政』京都大学学術出版会，2023 年
村井章介「寺社造営料唐船を見直す――貿易・文化交流・沈船」歴史学研究会編 『港町と海域世界』青木書店，2005 年
毛利一憲「ビタ銭の価値変動に関する研究――「多聞院日記」により天正年間を中心として(上)(下)」『日本歴史』310・311，1974 年
桃木至朗『中世大越国家の成立と変容』大阪大学出版会，2011 年
百瀬今朝雄「室町時代における米価表――東寺関係の場合」『史学雑誌』66–1，1957 年
安木新一郎『貨幣が語るジョチ・ウルス』清風堂書店，2023 年
安国良一『日本近世貨幣史の研究』思文閣出版，2016 年
山本雅和「平安京八条院町と銭貨鋳型」前掲『中世の出土模鋳銭』
楊茜「明代中後期江南社会変遷与市鎮権勢更迭――以江陰県長涇市為中心」『上海師範大学学報(哲学社会科学版)』46–2，2017 年
吉田光由『塵劫記』岩波文庫，1977 年
李憲昶『韓国経済通史』須川英徳・六反田豊監訳，法政大学出版局，2004 年
李俊・陳亜軍「四川阿壩鋁廠清代銭幣窖蔵清庫簡報」『中国銭幣』2015–1，2015 年
李春園「黒水城文書所見元代亦集乃路物価」『中国経済史研究』2016–2，

2016年
劉恩甫「江蘇高郵出土南宋鉄銭的初歩清理報告」『中国銭幣』1987–2, 1987年
劉志偉『在国家与社会之間——明清広東地区里甲賦役制度与郷村社会』中国人民大学出版社, 2010年
劉和恵・張愛琴「明代徽州田契研究」『歴史研究』1983–5, 1983年
脇田晴子「物価より見た日明貿易の性格」宮川秀一編『日本史における国家と社会』思文閣出版, 1992年
渡辺信一郎『中国古代社会論』青木書店, 1986年

Basden, George, *Among the Ibos of Nigeria*, London, Seeley, 1921.
Burger, Werner, *Ch'ing Cash until 1735*, Taipei, Mei Ya Publications, 1976.
Commelin, Isaac, *Begin ende voortgangh van de Vereenighde Nederlantsche Geoctroyeerde Oost-Indische Compagnie*, vol. 1, Amsterdam, 1646.
De Granville, R. G., 'The Numbers of Coins in Circulation in the United Kingdom,' *Studies in Official Statistics: Research Series*, 2, 1970.
Dijkman, Jessica, *Shaping Medieval Markets: The Organisation of Commodity Markets in Holland, c. 1200–c. 1450*, Leiden, Brill, 2011.
Kuroda, Akinobu, *A Global History of Money*, London, Routledge, 2020.
Kuroda, Akinobu, 'Another History of Money Viewed from Africa and Asia,' in Karin Pallaver ed., *Monetary Transitions. Currencies, Colonialism and African Societies*, London, Palgrave Macmillan, 2021.
Kuroda, Akinobu, 'Old Chinese Coins in Medieval Japan,' *Harvard Journal of Asiatic Studies*, 84. 1–2, 2024.
Manley, Roger, *François Caron and Joost Schouten: A True Description of the Mighty Kingdoms of Japan and Siam*, Bangkok, The Siam Society, 1986.
Mitra, D. B., *Monetary System in the Bengal Presidency, 1757–1835*, Calcutta, K. P. Bagchi & Co., 1991.
Reid, Anthony, *Southeast Asia in the Age of Commerce 1450–1680*, vol. 2, New Haven, Yale University Press, 1993.
Schroeder, Albert, *Numismatique de l'Annam*, Paris, Édition Trismégiste,

1983.
Segal, E. I., *Coins, Trade, and the State: Economic Growth in Early Medieval Japan*, Cambridge, Mass., Harvard University Asia Center, 2011.
Souza, George, *The Survival of Empire*, Cambridge, Cambridge University Press, 1986.
Spufford, Peter, *Money and its Use in Medieval Europe*, Cambridge, Cambridge University Press, 1988.
Thordeman, Bengt, 'The Lohe Hoard,' *Numismatic Chronicle*, 6th ser. 8. 3/4, 1948.
Toda, Eduardo, *Annam and its Minor Currency*, Shanghai, Noronha, 1882.
Vilar, Pierre, *A History of Gold and Money, 1450–1920*, Atlantic Highlands, Humanities Press, 1976.
von Glahn, Richard, 'Chinese Coin and Changes in Monetary Preferences in Maritime East Asia in the Fifteenth–Seventeenth Centuries,' *Journal of the Economic and Social History of the Orient*, 57. 5, 2014.
von Glahn, Richard, 'The Ningbo-Hakata Merchant Network and the Reorientation of East Asian Maritime Trade, 1150–1350,' *Harvard Journal of Asiatic Studies*, 74. 2, 2014.
Wang, Helen, Joe Cribb, Michael Cowell, and Sheridan Bowman, *Metallurgical Analysis of Chinese Coins at the British Museum*, London, British Museum, 2005.
Whitmore, J. K., 'Vietnam and the Monetary Flow of Eastern Asia, Thirteenth to Eighteenth Centuries,' in J. F. Richards ed., *Precious Metal in the Later Medieval and Early Modern Worlds*, Durham, Carolina Academic Press, 1983.
Yamamura, Kozo, 'From Coins to Rice: Hypothesis on the *kandaka* and *kokudaka* Systems,' *Journal of Japanese Studies*, 14. 2, 1988.